Para que trabalho você foi feito?

CIP-BRASIL. CATALOGAÇÃO NA FONTE
SINDICATO NACIONAL DOS EDITORES DE LIVROS, RJ

C25p

Carabin, Thierry M., 1950-
    Para que trabalho você foi feito? Testes e dicas para escolher a profissão ideal / Thierry M. Carabin ; tradução Marisa Rossetto. - Campinas, SP : Verus, 2009.

    Tradução de: Pour quel travail êtes-vous fait? Tests et conseils pour choisir le métier idéal
    ISBN 978-85-7686-059-4

    1. Orientação profissional. 2. Interesse profissional - Testes. 3. Vocação. I. Título.

09-5314
                                                                                 CDD: 153.94
                                                                                 CDU: 159.98

Thierry M. Carabin

Para que
TRABALHO
você foi feito?

Testes e dicas para escolher a profissão ideal

Tradução
Marisa Rossetto

TÍTULO ORIGINAL
Pour quel travail êtes-vous fait?
Tests et conseils pour choisir le métier idéal

EDITORA
Raïssa Castro

COPIDESQUE
Anna Carolina G. de Souza

REVISÃO
Ana Paula Gomes

PROJETO GRÁFICO
André S. Tavares da Silva

Copyright © Éditions Flammarion, Paris, 2004

Tradução © Verus Editora, 2009
Todos os direitos reservados, no Brasil, por Verus Editora.

Nenhuma parte desta obra pode ser reproduzida ou transmitida por qualquer forma e/ou quaisquer meios (eletrônico ou mecânico, incluindo fotocópia e gravação) ou arquivada em qualquer sistema ou banco de dados sem permissão escrita da editora.

VERUS EDITORA LTDA.
Rua Benedicto Aristides Ribeiro, 55
Jd. Santa Genebra II - 13084-753
Campinas/SP - Brasil
Fone/Fax: (19) 3249-0001
verus@veruseditora.com.br
www.veruseditora.com.br

Sumário

Introdução 7
Regras para o grande teste 9
O grande teste 11
Miniteste I 83
Miniteste II 85
Miniteste III 89
Resultados: comentários e orientações 95
   INDICADOR ✻ Potencial de aprendizado 95
   INDICADOR ✢ Espírito prático 96
   INDICADOR ◆ Facilidade de expressão 98
   INDICADOR ♣ Aptidão para cálculo 99
   INDICADOR ▶ Criatividade e capacidade de inovar 101
   INDICADOR ◀ Habilidade para liderar 102
   INDICADOR ▲ Capacidade de autonomia 104
   INDICADOR ▼ Capacidade de organização 105
   INDICADOR ✦ Índice de emotividade 106
   INDICADOR ✪ Índice de perseverança 108

INDICADOR ★ Capacidade de adaptação 109
INDICADOR ✹ Capacidade de iniciativa 110
INDICADOR ✖ Senso ético 112
INDICADOR ■ Espírito de equipe 113
INDICADOR ● Força de ambição 115
INDICADOR ◗ Capacidade de concentração 116
INDICADOR ✿ Capacidade de decisão 116
INDICADOR ❖ Cultura geral 117

Pequeno índice de profissões 119

Introdução

Optar por uma profissão é uma das escolhas mais importantes da vida. Muitas vezes, porém, essa escolha acaba sendo simples obra do acaso. Um amigo do colégio opta por uma carreira e nós o seguimos, porque não temos a menor ideia sobre o que queremos do futuro. Abrimos o jornal no caderno de empregos e oferecemos nossos serviços a quem quiser. Um amigo ou parente nos oferece uma vaga que não nos interessa nem um pouco, mas lá vamos nós, porque não sabemos o que fazer da vida.

Este livro é, antes de qualquer coisa, uma ferramenta de reflexão. Vai ajudá-lo a descobrir e avaliar objetivamente suas potencialidades, aptidões, conhecimentos e qualidades. Além do conhecimento empírico, o teste a seguir oferece obviamente um resultado. Você se julga perseverante? Ele lhe mostrará se você é mais ou menos do que a média da população. Acredita ser um líder nato? Após o teste, ou você terá a confirmação ou descobrirá algumas lacunas nas técnicas de gerenciamento e organização que anda usando. Uma boa releitura das perguntas vai ajudá-lo a definir que formação será eficaz para seu sucesso. E, o mais importante, esse teste, composto de dezoito indicadores diferentes, é parecido com aquele que você poderia ter de fazer numa avaliação de competências e habilidades. Ele o fará desvendar, de modo objetivo, seus trunfos e seu temperamento.

Na segunda parte, cada indicador é abordado separadamente. Você só deve ler essa parte após ter resolvido o teste e calculado o resultado. Leia os capítulos que correspondem a suas melhores pontuações. Eles revelam suas características dominantes. Os comentários relativos a esses indicadores permitem primeiramente que você conheça as características do trabalho que mais tem a ver com seu perfil. Sugestões de profissões ou funções serão dadas ao longo do texto. Marque aquelas que lhe parecem mais adequadas, ou simplesmente aquelas que o interessam.

Para que você possa confirmar sua escolha, um pequeno índice de profissões foi disponibilizado no fim do livro. Para cada profissão, indicamos os critérios de escolha do departamento de recursos humanos para contratar pessoas. Essa última etapa deve revalidar a escolha que você fez.

Este livro se destina, portanto, a acompanhá-lo ao longo de suas considerações a respeito de sua vida profissional. Permite que você faça um balanço objetivo e que mantenha sigilo sobre suas informações. Ele sustenta e guia sua reflexão, assim como revalida sua escolha profissional ou o ajuda a encontrar uma nova opção e a compreender suas motivações.

Seu futuro lhe pertence! O objetivo deste livro é lhe fornecer meios que permitam desenhá-lo da melhor forma possível. Que seu futuro profissional possa lhe trazer a plenitude que você sempre quis!

Regras para o grande teste

O teste que você vai fazer trará várias lições, se você seguir exatamente as regras.

- Organize-se para não ser perturbado.
- Procure fazer o teste de uma só vez – é o ideal – ou pelo menos em um único dia.
- O teste não é cronometrado. Portanto, você pode parar alguns instantes sem prejudicar a validade.
- Recorrer a outra pessoa, à calculadora, ao dicionário ou a qualquer outro tipo de ajuda invalida o teste.
- Nunca volte para rever suas respostas. Qualquer modificação posterior não permitirá que se obtenha a mensuração confiável que você deseja.
- Nunca volte para acrescentar respostas ou responder alguma questão que você tenha deixado em branco. Desse modo você também estaria manipulando o resultado.
- Nunca fique mais de um minuto em uma questão. Se não souber a resposta nesse tempo, ou não conseguir se decidir por uma das alternativas, deixe em branco e passe para a pergunta seguinte.

O tempo máximo de um minuto se aplica a todas as questões, sem exceção, independentemente da forma da questão, do número de alternativas e da natureza da resposta que se espera.

Quanto mais rigoroso você for consigo mesmo durante o teste, mais ele lhe trará informações úteis. Seu futuro está ao fim das questões!

Agora é com você. Antes de começar, ligue a secretária eletrônica e peça às pessoas para não interrompê-lo. Pegue água ou prepare algumas xícaras de seu chá favorito. Apanhe caneta ou alguns lápis bem apontados. Acomode-se à mesa para dar início ao teste.

O grande teste

Questão 1
Quando você visita uma cidade pela primeira vez, sempre se organiza para conhecer a tão famosa praça, visitar aquele conhecido museu, ver a charmosa catedral ou descobrir esta ou aquela curiosidade?
- A. Sim, faço isso sempre.
- B. Faço isso quando dá.
- C. Faço isso quando estou em férias.
- D. Nunca faço isso.

Questão 2
Na família ou em seu círculo social, é para você que as pessoas pedem ajuda quando um problema técnico aparece?
- A. Sim, sempre sou o primeiro a ser solicitado.
- B. Sim, quando o problema é mecânico.
- C. Sim, quando é um problema de construção.
- D. Eles me falam, mas contam mais comigo para outros tipos de problemas.
- E. Não, nunca. Eles têm toda razão de ser prudentes.

Questão 3
Na sua opinião, a palavra "vil" está grafada corretamente?
- A. Sim.
- B. Não.

Questão 4
Leia as duas atitudes a seguir. Qual delas você toma?
- A. Assim que alguém me conta algo a respeito de um novo projeto, eu imediatamente o encorajo. Para mim, isso é espontâneo.
- B. Quando alguém me fala de um novo projeto, eu me contenho para não alimentar ilusões e o aconselho a refletir bastante sobre o assunto.

Questão 5
Acrescentou-se 10% a um número antes de subtrair 45, dividir o resto por 2 e acrescentar 10 para finalmente se obter 15. Qual é esse número?
- A. 150
- B. 110
- C. 60
- D. 50

Questão 6
Você sempre procura trocar opiniões com pessoas que pertencem a classes sociais diferentes da sua?
- A. Sim, sempre.
- B. Não especificamente.

Questão 7
Você é dono de uma oficina mecânica que conserta carros de todos os modelos e marcas. Grande parte de sua clientela monta ou adapta chassis para veículos *off-road*. Quem deve escolher os programas de processamento de dados e contabilidade, você ou seu contador?
- A. Eu.
- B. O contador.

Questão 8
Qual destas duas frases você ouve com mais frequência?
- A. Você seria capaz de fazer tudo sozinho.
- B. Você sabe contar com a ajuda dos outros.

Questão 9
Quando alguém lhe passa uma tarefa, qual é sua primeira reação?
- A. Pensar no que vou precisar.
- B. Pensar em quem poderia me ajudar.

Questão 10
Como é sua estante de livros?
- A. Não há muitos exemplares. Em primeiro lugar estão os que eu mesmo escolhi, os que adoro ler, tocar e olhar.
- B. Há livros de todos os assuntos, enciclopédias, dicionários etc. Em resumo, tudo que um dia já aguçou minha curiosidade.

Questão 11
De maneira geral, você se considera:
- A. Mais emotivo que as outras pessoas.
- B. Menos emotivo que os outros.

Questão 12
Você convidou alguns amigos para ir a um restaurante. Escolheu o lugar porque o preço em geral cabe no seu bolso, e é você que vai pagar a conta. Mas um dos convidados se empolga e pede um prato que poderá aumentá-la bastante. O que você faz?
- A. Não faço nada. Não posso impedi-lo de escolher.
- B. Digo: "Na verdade, minha intenção era propor que todos escolhessem algum prato da página 4. Talvez eu possa anotar a escolha de cada um para facilitar as coisas".
- C. Prometo fazer diferente da próxima vez.
- D. Começo a enrubescer e a ressaltar as qualidades das opções que são convenientes para mim.

Questão 13
Você é perseverante?
- A. Sim.
- B. Não.

Questão 14
Você acha que a palavra "consciencia" está grafada corretamente?
A. Sim.
B. Não.

Questão 15
Você foi chamado para trabalhar com contabilidade e tem que optar entre o trabalho no escritório terceirizado ou o serviço na sede da empresa. Você sabe que no escritório precisará trabalhar sozinho e sem ajuda constante. Já na sede, o trabalho é feito em equipe, sob o comando de um responsável. Qual dos dois você escolhe?
A. Escritório.
B. Sede.

Questão 16
Qual destas frases você ouve mais frequentemente?
A. Graças a você, tudo ficou simples.
B. Graças a você, ninguém entende nada.

Questão 17
Você poderia afirmar com veemência que tem espírito de síntese?
A. Sim, sem hesitar.
B. Não, na verdade não.

Questão 18
Algumas pessoas se atrapalham com nada. Outras se sentem à vontade nas situações mais complicadas. E você?
A. Fico à vontade em situações complicadas.
B. Às vezes me sinto perdido, como todo mundo.

Questão 19
Um baile foi programado na associação da qual você faz parte. Qual é sua função?
A. Imediatamente me ocupo da lista de tarefas, para que tudo saia perfeito. Eu a organizo para facilitar a divisão de trabalhos e sincronizar tudo.

B. Prefiro me dedicar à decoração.
C. Eu me ofereço para cuidar do que será servido.
D. Gostaria de me dedicar à escolha musical.

Questão 20
Retirou-se 20% de um número. Depois, o restante foi dividido por 8. Finalmente, o número foi aumentado em 30% para se obter 13 como resultado. Qual é esse número?
A. 100
B. 125
C. 139
D. 150

Questão 21
Com que frequência você abre sua enciclopédia?
A. Uma vez por semana, pelo menos.
B. No mínimo uma vez a cada quinze dias.
C. Ao menos uma vez por mês.
D. Com menos frequência.
E. Não tenho enciclopédia.

Questão 22
Objetivamente, seus clientes o consideram metódico?
A. Sim.
B. Não.
C. Não sei, nunca escutei nada a respeito disso.

Questão 23
Falar em público é algo delicado. Como você vivencia essa experiência?
A. Muito bem.
B. Com dificuldade.
C. Isso nunca acontece, porque me recuso a falar em público.

Questão 24
Os filmes geralmente nos convidam a chorar ou a rir com a trama. Você ri ou chora vendo filmes?

A. Sim, mais que as outras pessoas.
B. Sim, mas menos que os outros.
C. Não, nunca, nem no cinema nem em frente à TV.

Questão 25

Domingo, você aproveitou o almoço em família para tentar convencer seus irmãos a se unirem para comprar um presente para a comemoração das bodas de ouro de seus pais, que acontecerá dentro de dez meses. Mas sua tentativa foi em vão. O que você decide fazer?
A. Pior para eles. Tenho em vista um presente maravilhoso que posso pagar sozinho.
B. Ainda temos tempo. Vou explicar melhor minha ideia quando telefonar para cada um deles.

Questão 26

Você é do tipo "maratonista"?
A. Sim, prefiro esforços de longa distância.
B. Não, prefiro esforços mais curtos e repetidos.

Questão 27

Você é chefe de contabilidade. Uma modificação na regulamentação fiscal exige a implantação de um novo procedimento que acaba de lhe ser comunicado. O que você faz?
A. Redijo uma nota sobre o procedimento e peço que cópias sejam distribuídas para aplicação imediata.
B. Preparo um memorando. Durante uma reunião, apresento o novo procedimento. Por meio de exemplos, certifico-me de que todos tenham compreendido. Finalmente, distribuo cópias do memorando.

Questão 28

Suas afirmações chocam os outros?
A. Sim, constantemente.
B. Sim, às vezes é inevitável.
C. Não, nunca, eu sempre me policio.

Questão 29

Um número foi multiplicado por 5, antes de ser dividido por 10. Depois, foi multiplicado por 2, para obter 50. Qual é esse número?
A. 30
B. 40
C. 50
D. 60

Questão 30

Na sua opinião, a palavra "fraseologia" está grafada corretamente?
A. Sim.
B. Não.

Questão 31

Você foi convidado para um jantar. O anfitrião faz perguntas a respeito de seus gostos e preferências alimentares. O que você responde?
A. "Não se preocupe, eu como de tudo. Faça como estão acostumados. Estará ótimo para mim."
B. Eu lhe agradeço por perguntar e digo o que estou acostumado a comer.

Questão 32

Profissionalmente, o que você faz diante de um caso excepcional?
A. Adapto os procedimentos de acordo com as normas.
B. Eu me reporto a meus superiores.

Questão 33

A associação de moradores de seu bairro decidiu organizar um encontro entre os moradores num final de tarde, na pracinha local. Sua missão é organizar e montar os equipamentos necessários, ou seja, o que for preciso para servir as comidas. Uma vizinha chega com salsichas que precisam ser aquecidas. O que você faz?
A. Reporto o caso ao síndico do meu prédio.
B. Falo com o presidente da associação de moradores.
C. Vou buscar uma extensão para trazer corrente elétrica do local mais próximo.

Questão 34
Na sua opinião, existe "ética nos negócios"?
A. Sim.
B. Não.

Questão 35
Quando você vai ao exterior, como escolhe onde comer?
A. Confio nas grandes redes de hotéis ou nos estabelecimentos reconhecidos pela cozinha internacional.
B. Faço minhas refeições em restaurantes selecionados pela agência de viagem. Geralmente funciona, nunca tive surpresas desagradáveis.
C. Gosto de comer como os habitantes locais. Procuro os lugares que eles costumam frequentar.

Questão 36
Você conversa facilmente com outras pessoas em um bar?
A. Sim, regularmente.
B. Sim, mas menos do que eu gostaria.
C. Não, não sou muito de conversar.

Questão 37
Como praticante, indique seu tipo preferido de atividade esportiva.
A. Esporte individual.
B. Esporte em equipe.

Questão 38
Você acha que o chefe deve primeiramente dar ordens ou acatar o que a maioria decidir a respeito dos objetivos a atingir?
A. Antes de tudo ordenar.
B. Acatar a decisão da maioria.

Questão 39
Quantos idiomas estrangeiros você fala razoavelmente bem para manter uma conversa simples?

A. Um idioma.
B. Dois idiomas.
C. Três ou mais idiomas.

Questão 40
Como você acha que o serviço de um restaurante deve ser oferecido?
A. De acordo com o estilo escolhido pelo proprietário.
B. Em função das diferentes preferências dos clientes.

Questão 41
Qual destes métodos você prefere?
A. Prefiro ser responsável por um objetivo e não ter que prestar contas sobre minha organização.
B. Prefiro ser responsável por meus atos. Isso quer dizer que respeito regras e normas recebidas, e não quero ter de prestar contas se o objetivo não for atingido.

Questão 42
Às vezes você se queixa do peso de normas impostas pela chefia nas organizações das quais faz parte, seja no âmbito profissional ou em associações comunitárias?
A. Sim, muito mais do que eu gostaria. Pode-se dizer que algumas pessoas parecem ter a necessidade de ditar tudo nos mínimos detalhes, como se não fosse o resultado que contasse.
B. Sim. Aliás, isso me aborrece. Gosto de viver do meu jeito. Em nosso universo, há muitos impedimentos e "convenções" a respeitar.
C. Sim, o que às vezes é constrangedor, mas necessário.
D. Não, isso raramente acontece.

Questão 43
Você concorda com a seguinte afirmação: "Na vida, a verdadeira lei, aquela que impera, é a lei do mais forte"?
A. Sim.
B. Não.

Questão 44
Se um comerciante erra a conta e cobra menos de você, o que você faz?
A. Nada.
B. Corrijo.

Questão 45
Numa conversa rápida, você combinou de ajudar o Carlos a pintar a sala da casa dele. Mas você se esqueceu da promessa e já planejou outra coisa para o fim de semana. Então, ouve uma mensagem dele na secretária eletrônica dizendo que está à sua espera. O que você faz?
A. Eu lhe telefono para dizer que ele me pegou de surpresa e que eu esperava que ele me ligasse três dias atrás. Afirmo que, evidentemente, continuo disposto a ajudá-lo, mas não neste fim de semana. Caso ele se lamente ou insista, digo que eu não havia prometido nada.
B. Fico muito chateado. Não anotei a data, ou então ele se esqueceu de dizê-la com exatidão. Não me lembro mais. Talvez eu estivesse distraído. Eu lhe telefono para me certificar de que é realmente neste fim de semana. Se for, vou ajudá-lo. O restante fica para depois.
C. Essa questão não me diz respeito. Não conheço nenhum Carlos. Sinceramente, não entendo por que esse tal de Carlos quer pintar a sala ele mesmo. Enfim, é problema dele, e eu não vou me meter nisso.

Questão 46
Na sua opinião, a autoridade é conferida por quem?
A. Pelo grupo.
B. Pelos superiores.

Questão 47
Que influência você acha que o cônjuge tem na vida profissional de uma pessoa?
A. Nenhuma.
B. Tem influência na medida em que a harmonia que reina entre o casal torna os parceiros mais disponíveis e serenos.

C. Certa influência. Aliás, comecei a pensar nisso quando li a pergunta.

Questão 48
Que número dá continuidade à série a seguir?
81 – 90 – 99 – 108 – ...
A. 115
B. 117
C. 119

Questão 49
Que número dá continuidade à série a seguir?
200 – 180 – 162 – 146 – 132 – ...
A. 119
B. 112
C. 122

Questão 50
Entre as afirmações a seguir, qual tem sentido mais próximo do que exprime Montesquieu na citação extraída de *Meus pensamentos*: "O dinheiro é valioso desde que saibamos desprezá-lo"?
A. A importância do dinheiro nunca deve ser subestimada.
B. Quando se é capaz de colocá-lo a nosso serviço, o dinheiro é útil.
C. Convém dar importância ao dinheiro.
D. O dinheiro sempre reluz, mesmo quando fingimos desprezá-lo.
E. Desprezar o dinheiro pode gerar apreço.

Questão 51
Entre as afirmações apresentadas, qual tem sentido mais próximo do que Simone de Beauvoir exprime na citação a seguir, extraída do volume 1 de *O segundo sexo*: "O casal feliz, que se reconhece no amor, desafia o universo e o tempo; ele se basta, realiza o absoluto"?
A. Os casais são felizes quando não complicam a vida.
B. A felicidade do casal é um desafio.

C. Amar é desafiar o universo todo.
D. A felicidade do casal depende do tamanho do desafio.
E. Na felicidade do amor partilhado, o casal constitui um modelo ideal.

Questão 52
Entre as afirmações abaixo, qual representa melhor seu estado de espírito habitual?
A. Às vezes, tenho dificuldade para terminar um trabalho. Tenho a impressão de que sempre posso caprichar um pouco mais.
B. Qualquer que seja o trabalho, quero que fique bem-feito. Eu me orgulho disso, e me organizo para que seja assim.
C. Faço o suficiente. Ninguém tem motivo para me criticar na empresa ou em casa.
D. Se tudo está indo, não há razão para complicar. A gente só tem uma vida.

Questão 53
Quando encontra seu chefe, você sempre demonstra grande disponibilidade?
A. Sim.
B. Não.

Questão 54
Quando algum amigo o convida para conhecer a nova casa dele, o que você olha primeiro?
A. A escolha das cores para a decoração interior.
B. Se não há manchas na pintura e se os detalhes foram bem-feitos.

Questão 55
Você acha que a palavra "sepcia" está grafada corretamente?
A. Sim.
B. Não.

Questão 56

Para completar a frase a seguir, escolha a alternativa corretamente grafada: "É preferível ter no cérebro...".
 A. Chumbo.
 B. Chunbo.

Questão 57

Você possui seu próprio método de bricolagem ou técnica para colocar papel de parede?
 A. Sim.
 B. Não.

Questão 58

É sábado à noite e você vai jantar na casa de amigos. Alguém menciona a última pane da lava-louças. O que você fala?
 A. Geralmente sei o que precisa ser feito e explico de maneira clara.
 B. Em geral fico quieto, para não falar besteira.

Questão 59

Para você, a carreira vem antes do lazer?
 A. Sim.
 B. Não.

Questão 60

Você tem a ambição de "construir uma bela carreira"?
 A. Sim.
 B. Não.

Questão 61

Um número foi elevado ao quadrado e, em seguida, subtraiu-se 41 do resultado. O que restou foi dividido por 8, depois adicionou-se 4 para obter 9. Qual é o número?
 A. 50
 B. 11
 C. 9

Questão 62

Um número foi acrescido de 19 antes de ser dividido por 3. Em seguida, foi multiplicado por 20, antes de ser aumentado em 13%, isso tudo para finalmente obter 226. Qual é esse número?
A. 111
B. 11
C. 31

Questão 63

Às vezes seus amigos comentam que seu humor é ácido e explosivo?
A. Sim, já ouvi isso.
B. Não, nunca.

Questão 64

Quando foi a última vez que uma ideia sua foi elogiada porque se tratava de uma boa solução para um problema inédito?
A. Há mais ou menos um mês.
B. Faz mais tempo.
C. Não me lembro de ter sido elogiado por isso.

Questão 65

Ontem à noite, Romeu (de *Romeu e Julieta*) caiu e quebrou a perna, justamente quando começava a se apoiar no famoso balcão. Na sua opinião, quais poderiam ser as manchetes dos seguintes jornais ao noticiar o fato? Escreva suas sugestões abaixo.
O Estado de S. Paulo: _____
Folha de S. Paulo: _____
Jornal da Tarde: _____
O Globo: _____
O Dia: _____

Questão 66

Na sua opinião, que animal não deveria estar nesta lista?
A. Cervo.
B. Camelo.

C. Elefante.
D. Camurça.
E. Hiena.

Questão 67
Você coordena um grupo de quinze pessoas no trabalho. Um de seus colaboradores vai muito além dos outros, devido a seu zelo e competência. O que você faz?
A. Faço o possível para que ele seja promovido, ao menos financeiramente, para que continue na equipe.
B. Eu lhe explico que seu excesso de zelo contraria os outros e que seus dons são obra do acaso. Então peço que deixe de se fazer de estrela.

Questão 68
Você é chefe de uma unidade de sua empresa. Neste ano, você organizará a confraternização anual. Você delega a impressão dos convites a um colaborador. Como você faz?
A. Eu lhe dou todas as informações necessárias. Basta que ele siga fielmente minhas instruções.
B. Eu lhe passo o modelo e o orçamento. Confirmo o prazo e digo que estou à disposição caso tenha algum problema.

Questão 69
Você sente vontade de passar dois dias no campo, para se exercitar. Vai sozinho ou procura companhia?
A. Vou sozinho.
B. Procuro companhia.

Questão 70
Você está fazendo um trabalho de pesquisa e vai à biblioteca. Você solicita ao bibliotecário somente a indicação da seção em que se encontra o livro que pode interessá-lo, ou pede mais ajuda?
A. Peço-lhe apenas que me dê as referências da seção.
B. Enquanto ele estiver disponível, peço para me ajudar.

Questão 71
De forma geral, você prefere trabalhar sozinho em uma sala fechada, ou com outras pessoas em um grande escritório?
A. Sozinho em uma sala fechada.
B. Com outras pessoas em um grande escritório.

Questão 72
Você já analisou seus horários, sua agenda?
A. Sim.
B. Não.

Questão 73
Você dedica à sua família todo o tempo que gostaria?
A. Sim, na medida do possível.
B. Não, porque estou frequentemente sobrecarregado.

Questão 74
Você tenta conseguir um desconto de 6% em um orçamento cujo valor é de 18.900 reais. Qual seria o valor do desconto?
A. 1.134 reais.
B. 1.328 reais.
C. 1.756 reais.

Questão 75
Se somarmos 11.152, 38.722 e 117.932, que número vamos obter?
A. 163.136
B. 170.587
C. 167.806

Questão 76
Se retirarmos 11.152 de 456.372, que número obteremos?
A. 445.424
B. 445.220
C. 445.232

Questão 77
Quando você tem um trabalho para fazer, imediatamente pensa em como terminá-lo rapidamente sem que a qualidade fique prejudicada?
  A. Sim, certamente. Eu imediatamente traço um plano distinguindo o que pode ser feito simultaneamente ou não.
  B. Não. Sou do tipo que arquiteta planos complexos antes de ir adiante com meu trabalho.

Questão 78
Em uma festa, você aborda pessoas que não conhece ou espera ser apresentado?
  A. Espero ser apresentado.
  B. Tomo a frente e me apresento a quem eu quero.

Questão 79
Em alguns setores de atividades, os resultados comerciais demoram a aparecer. Se você fosse vendedor, procuraria um trabalho nesses setores ou em outro lugar?
  A. Preferiria esses setores.
  B. Preferiria trabalhar em outro lugar.

Questão 80
Você gosta de participar daqueles jogos entre amigos ou familiares que duram a tarde toda ou mais?
  A. Sim.
  B. Não.

Questão 81
Você se identifica mais com a cigarra ou com a formiga, da fábula "A cigarra e a formiga"?
  A. Cigarra.
  B. Formiga.

Questão 82
Algumas pessoas se sujeitam a trabalhos tediosos e demorados. Você seria capaz de se adaptar a esse tipo de trabalho?

A. Sim.
B. Não.

Questão 83
Você se considera tímido?
A. Sim, sou tímido.
B. Já fui tímido.
C. Não, não sou assim.

Questão 84
E em relação às pessoas que fazem parte de seu círculo?
A. Gosto de me relacionar com pessoas que ousam, sejam artistas, empresários, políticos etc.
B. Relaciono-me com pessoas de meu meio social e profissional. Eu me sinto bem com elas.
C. Não procuro companhia a qualquer preço. Prefiro me relacionar com pessoas de que gosto.

Questão 85
Você está dirigindo em uma estrada e cruza o local de um acidente. Você não chegou a ver o que aconteceu, mas é o primeiro carro que para. As vítimas estão cobertas de sangue, e não é nada fácil olhar para elas. O que você faz?
A. Faço o necessário para chamar socorro, mas evito olhar para os feridos.
B. Telefono para o serviço de resgate e os informo sobre o número de feridos e o estado real deles.
C. Peço às pessoas presentes que cuidem dos feridos, enquanto faço com que os outros veículos diminuam a velocidade.
D. Acendo o pisca-alerta do carro e deixo as pessoas mais experientes fazerem o que for necessário.

Questão 86
Quando vai a uma reunião, que você não vai dirigir, como se prepara?
A. Dou uma olhada na pauta que está na convocação e penso no assunto enquanto me dirijo à reunião.

B. Após ter lido atentamente a convocação, reúno minhas anotações sobre o assunto e as levo comigo à reunião.
C. Simplesmente compareço, pronto para escutar.

Questão 87
Você faz parte dos que vão "direto ao ponto"?
A. Sim.
B. Não.

Questão 88
Você trabalha em um grande escritório, onde há pessoas que fumam ou dizem coisas que o desagradam. O que você faz?
A. Peço a meu superior que pense na possibilidade de um escritório separado ou em uma atividade que possa ser executada fora de lá.
B. Protesto quanto puder sem prejudicar o ambiente ou a boa convivência. Não quero estragar o ambiente que impera entre o grupo.

Questão 89
A melhor maneira de um chefe conquistar respeito é:
A. Mostrar que conhece todas as fofocas de corredor e que sabe distinguir o que é verdadeiro do que é boato graças à intuição.
B. Demonstrar e lembrar sempre que a equipe está em perfeita harmonia com a direção geral.
C. Fechar a porta de seu escritório.
D. Abrir a porta de seu escritório.
E. Dedicar-se à formação dos colaboradores.

Questão 90
Na sua opinião, qual deve ser o principal critério de uma promoção?
A. O tempo de serviço.
B. A formação.
C. A habilidade de se organizar.
D. A formação contínua.
E. Competências comprovadas.

Questão 91

Estamos em 21 de janeiro. Desde o inverno passado você planejou passar suas duas últimas semanas de férias em outro país. Sua viagem está marcada para o próximo dia 27, mas você ouviu no rádio que o mercado de câmbio está oscilando. O dólar sobe rapidamente, o que vai encarecer sua viagem. Qual é sua reação?
A. Realmente é muito chato. Isso atrapalha todos os meus planos, e o seguro de cancelamento não cobre esse tipo de coisa. Penso que teria feito melhor se não saísse do país. Enfim, ficarei atento e usarei minhas economias.
B. Isso muda as coisas. Mas me faz pensar em experimentar um albergue. Talvez eu conheça pessoas interessantes, realmente originais. Não vejo a hora!

Questão 92

Você tem dificuldade para dirigir outros veículos além do seu?
A. Desde que tirei minha carta de motorista, me acostumei a dirigir de tudo. Consigo dirigir outros carros sem dificuldade.
B. Tenho meus hábitos. No meu carro, fico à vontade porque conheço tudo. Preciso de um tempo para me acostumar com outros carros.
C. Não tenho carteira de motorista.

Questão 93

Quando você fala de seu trabalho, que palavra usa com mais frequência?
A. Meu trabalho.
B. Minha função.
C. Meu cargo.
D. Meu emprego.

Questão 94

Você está fazendo um passeio nas montanhas geladas de um certo país com um grupo. O sol de inverno faz cintilar os cristais nos pinheiros. O solo está coberto de neve. Você e alguns amigos são mais

rápidos e se distanciam do grupo. Chegam a um cruzamento de onde partem cinco diferentes caminhos, mas você não sabe qual deles pegar. O que faz?
- A. Espero o líder.
- B. Peço ao Jaime para pegar o mapa que está na minha mochila para que o analisemos juntos. Assim, quando o guia chegar com os outros, o rumo estará definido.
- C. Peço ao Jaime para pegar o mapa que está na minha mochila, para juntos decidirmos que caminho seguir em função do objetivo que devemos alcançar.
- D. Não sei. Acho que faço o que os outros fizerem.

Questão 95
Você seria capaz de montar uma empresa?
- A. Sim, tenho vontade.
- B. Sim, seria capaz.
- C. Não tenho certeza se poderia.
- D. Não, com certeza não.

Questão 96
Até onde você acha que devemos ir para manter nossa palavra?
- A. Para mim, não há limite.
- B. Uma palavra não é um documento assinado.

Questão 97
Quando você finalizou a venda com aquela cliente, aceitou que o transporte ficaria a seu encargo. Por um descuido, esse detalhe não foi colocado no papel. A empresa então fez a entrega com frete a cobrar. A cliente lhe telefona para corrigir o equívoco. O que você faz?
- A. Explico que não há nada que eu possa fazer, pois a transação foi aprovada pela direção da forma como está. Aliás, ela também leu a ordem de fornecimento e não disse nada. Portanto, estava de acordo. Por uma gentileza, digo que, se ela fizer uma nova compra antes de três meses, eu lhe darei um desconto.

B. Lembro-me de ter aceitado essa condição e estou chateado por não ter passado isso para o papel. Eu lhe explico imediatamente o que aconteceu. Confirmo que vou pedir à direção para devolver os custos referentes ao transporte. Aliás, vou lhe telefonar amanhã para comunicar a resposta da direção, que sem dúvida será positiva. Evidentemente, isso supõe que eu relate meu erro a meus superiores.

Questão 98

Vamos supor que existam pessoas criticando o funcionamento de sua equipe de trabalho, e isso fora da empresa. O que você pensaria?
A. Seria melhor que fizessem críticas construtivas, dessem sugestões para aprimorarmos o trabalho, mas o fizessem dentro da própria equipe.
B. Isso sempre acontece. Acho lamentável que existam pessoas que não se sentem bem dentro da própria equipe.

Questão 99

Às vezes você compra livros de interesse profissional com seu próprio dinheiro?
A. Sim.
B. Não.

Questão 100

Você assina uma ou várias revistas de interesse profissional?
A. Sim.
B. Não.

Questão 101

Você está em férias na praia. O sol está radiante, a areia fina se estende pela praia, e o mar é simplesmente sedutor. Cansado, seu parceiro lhe "impôs" tal destino para ficar estirado sob o sol. O bronzeado dele provoca a admiração dos especialistas. Mas você não suporta ficar parado na praia. O que faz?
A. Sinceramente, não vejo a hora que essa viagem acabe. Ficar sem fazer nada me cansa. Não posso ficar muito tempo no

sol, fico entediado. Mas não quero chatear ninguém, então fico aqui, sorrio e não critico.
B. Organizei-me para isso. Por aqui há museus, exposições, concertos, espetáculos. Algumas cidades interessantes estão bem próximas. Eu aproveito. Na verdade, estamos os dois bem felizes com essas férias. Todas as noites nos reencontramos e temos muitas novidades para contar.

Questão 102
No restaurante japonês, você utiliza os *hashis* para comer?
A. Sim.
B. Não.

Questão 103
Na sua opinião, que orientações o chefe deve dar a um colaborador encarregado de uma tarefa?
A. Ele deve indicar como fazer, o cronograma de trabalho e o objetivo. Deve ainda lembrá-lo de que ele próprio precisa controlar as coisas.
B. Deve estabelecer com o colaborador o objetivo, o prazo e os meios. Por fim, deve lembrá-lo de que ele estará disponível em caso de imprevisto.

Questão 104
Hoje é domingo. Você gostaria de preparar um belo peixe para o jantar. O peixe você tem, mas procura a receita e percebe que faltam alguns ingredientes. O que faz?
A. Deixo para amanhã. Comprarei o que falta.
B. Preparo o prato com os ingredientes que tenho. Adapto a receita, faço a meu gosto e me delicio.

Questão 105
Você concorda com a expressão "Dinheiro não tem cheiro"?
A. Sim.
B. Não.

Questão 106
Você está de acordo com a ideia de que não se volta atrás em uma decisão tomada coletivamente?
A. Não concordo.
B. Concordo.

Questão 107
Como você acha que o presidente de uma associação deve agir?
A. Segundo as próprias ideias.
B. De acordo com a vontade da maioria.

Questão 108
Você conhece a classificação das empresas do seu ramo de atividade?
A. Sim.
B. Não.

Questão 109
Quando está descansando, você pensa em trabalho?
A. Sim.
B. Não.

Questão 110
Entre as frases a seguir, qual tem sentido mais próximo do que Victor Hugo exprime nesta citação, extraída de *Fragmentos*: "Há pessoas que têm uma biblioteca como os eunucos um harém"?
A. O harém e a biblioteca são itens básicos.
B. Pessoas de bem devem ter tanto a biblioteca quanto o harém.
C. Uma biblioteca não serve para nada quando não se sabe ler.
D. Os eunucos são indispensáveis ao harém, como a biblioteca o é para a casa.
E. As mulheres do harém podem ser comparadas a livros.

Questão 111
Entre as frases a seguir, qual tem sentido mais próximo do que Chateaubriand exprime nesta citação, extraída de *O gênio do cristianis-*

mo: "Os bens da terra não fazem senão escavar a alma, aumentando-lhe o fosso"?
- A. Escavar a alma é descobrir o fosso.
- B. Para descobrir os produtos da terra, é preciso cavar muito mais profundamente do que pensávamos em um primeiro momento.
- C. A alma dos cristãos está corroída pelos bens da terra.
- D. As riquezas materiais, como os prazeres terrenos, nada contribuem para a elevação da alma.
- E. Os produtos da terra degradam a alma.

Questão 112

Quando você prepara um roteiro de viagem para seguir de carro, sua primeira ideia é buscar um caminho que lhe permita apreciar uma paisagem ou cidade que ainda não conhece?
- A. Sim, sempre.
- B. Sim, com frequência.
- C. Sim, mas nem sempre sai como eu gostaria.
- D. Não, meus critérios de escolha são outros.

Questão 113

O que você faz quando se depara com palavras cruzadas?
- A. Minha primeira reação é ler as definições imediatamente.
- B. Não faço nada, pois não sou muito de fazer palavras cruzadas.
- C. Guardo para alguém que se interesse por isso.
- D. Outra coisa.

Questão 114

O que você faz quando vai ao sapateiro?
- A. Depende. Ou entrego meus sapatos e tento negociar a conta, ou pego os sapatos e pago o valor devido.
- B. Gosto de ficar um tempo observando sua forma de trabalho, os produtos que usa, as ferramentas, a forma como corta o couro etc.

Questão 115
Quando está com a família, você fala sobre seu trabalho e suas expectativas?
A. Sim.
B. Não.

Questão 116
Você faz parte de uma ou de várias associações de ex-alunos?
A. Sim.
B. Não.

Questão 117
Você acha que o espírito de equipe leva ao funcionamento coletivo?
A. Sim, evidentemente.
B. Não necessariamente.
C. Não tenho opinião sobre isso.

Questão 118
O que você fazia durante o intervalo quando estava na escola?
A. Participava ativamente dos jogos e brincadeiras.
B. Com bastante frequência, era eu quem dava a ideia de um jogo ou brincadeira.
C. Preferia conversar com outro aluno.
D. Outra coisa.

Questão 119
Há quem afirme que sem integridade não haveria transações econômicas possíveis. O que você acha?
A. Têm razão.
B. Estão equivocados.

Questão 120
Ontem você estava sem dinheiro, e os caixas eletrônicos não funcionavam. Você pediu vinte reais emprestados a um amigo. Quando pretende lhe devolver o dinheiro?

A. Assim que ele pedir.
B. Logo que encontrá-lo.

Questão 121
Qual destas duas afirmações está mais próxima do que você costuma pensar em relação a novidades tecnológicas?
A. Inventores me fascinam. Eu poderia escutá-los por horas. Interesso-me tanto pelas etapas de aperfeiçoamento quanto pela ideia original.
B. Sirvo-me das invenções que são realmente úteis para mim e fico contente com o progresso desde que facilite minha vida. Não dou muito valor às inúmeras "engenhocas" que se inventam por aí.

Questão 122
Seus colegas o consideram bem organizado?
A. Sim, "muito organizado" é uma afirmação que se escuta bastante a meu respeito.
B. Sim, sabem que sou organizado.
C. Cada um tem sua maneira de se organizar. Eu tenho a minha.
D. Dizem que sou mais "artista" do que totalmente organizado.

Questão 123
Esta palavra designa uma parte da construção coberta e vazada para o exterior, geralmente sustentada por colunas, que permite ver melhor as pessoas que passam do lado de fora. Escolha a grafia correta.
A. Logia.
B. Loggia.

Questão 124
Trata-se de uma peça que transforma o movimento quando é parte de um todo. Qual é a grafia correta?
A. Virabrequim.
B. Vilabrequim.

Questão 125
Se acrescentarmos 22.234 a 378.111, qual será o resultado?
A. 390.345
B. 398.456
C. 400.345

Questão 126
Se multiplicarmos 17.822 por 9, qual será o resultado?
A. 140.808
B. 149.478
C. 160.398

Questão 127
Se dividirmos 1.243 por 11, que número obteremos?
A. 98
B. 113
C. 129

Questão 128
Que animal não faz parte desta lista?
A. Gazela.
B. Onça.
C. Leopardo.
D. Urso.
E. Raposa.

Questão 129
Que animal não faz parte desta lista?
A. Águia.
B. Gavião.
C. Abutre.
D. Pomba.
E. Falcão.

Questão 130
Você é chefe de uma equipe e comete um erro. Os demais membros percebem. O que você faz?
- A. Explico para cada um que, nesse caso específico, agir dessa forma está mais de acordo com o regulamento.
- B. Revelo minha distração e os efeitos disso em voz alta. Todos entendem que não me orgulho do que fiz. Geralmente, os membros da equipe procuram me ajudar a corrigir a situação o mais rápido possível.

Questão 131
Como você cuida do seu carro? Caso não tenha carro, responda o que faria se tivesse.
- A. Verifico regularmente o nível de água e óleo e a pressão dos pneus.
- B. É a última das minhas preocupações. Levo ao conserto quando alguma coisa não funciona, e só.

Questão 132
Como é a limpeza do seu carro? Caso você não tenha carro, responda o que faria se tivesse.
- A. Meu carro está sempre limpo. É só olhar para perceber que tudo está em perfeita ordem.
- B. Lavo meu carro quando necessário. Não sou fanático por limpeza.
- C. Não me preocupo com isso.

Questão 133
A última vez que um amigo lhe pediu ajuda para construir uma churrasqueira foi há quanto tempo?
- A. Há menos de um ano.
- B. Há menos de cinco anos.
- C. Faz muito tempo.
- D. Isso nunca aconteceu.

Questão 134

"Liberalidade ou prodigalidade, mas não desprovida de elegância."
Escolha a grafia correta.
   A. Munificência.
   B. Mugnificência.

Questão 135

Acrescente algumas letras na frente de "ada" e forme dois substantivos:

_____ada   _____ada

Questão 136

Você é o líder. É preciso dividir o trabalho a ser feito em horas extras. Quem você privilegia?
   A. Os que mais precisam de dinheiro.
   B. Os que trabalham melhor.

Questão 137

Você é coordenador do departamento. Uma de suas subordinadas deve dar à luz no mês que vem. O que você faz?
   A. Dou a entender que, se o grupo quiser dar um presente, darei minha contribuição.
   B. Proponho que se compre um presente e divido as tarefas.

Questão 138

De forma geral, o que você prefere?
   A. Prefiro que as instruções me sejam passadas pelos superiores de forma precisa e que indiquem claramente o processo de implementação, ponto por ponto.
   B. Prefiro receber de meus superiores uma boa definição do objetivo e ter liberdade para me organizar a fim de atingi-lo.

Questão 139

Você acaba de ingressar em um colégio técnico e precisa escolher uma atividade física entre aquelas oferecidas. Você sabe que deverá praticá-la pelo menos três vezes por semana durante todos os anos de estudo ali. Qual você escolhe?

A. Futebol.
B. Atletismo.
C. Rugby.
D. Natação.

Questão 140
Trabalhar em equipe lhe é verdadeiramente interessante, ou você prefere trabalhar sozinho, mesmo que apenas por alguns momentos?
A. Prefiro sempre o trabalho em grupo.
B. Gostaria de trabalhar sozinho em alguns momentos.

Questão 141
Entre as duas possibilidades abaixo, qual você prefere?
A. Ser julgado pelos resultados.
B. Ser julgado pela regularidade.

Questão 142
A primeira linha do teclado do computador traz as seguintes letras: QWERTYUIOP. Escreva cinco palavras formadas por essas letras, sem que estas se repitam. Por exemplo, a palavra "topo" não será aceita, porque a letra "o" foi utilizada duas vezes.
1: _____
2: _____
3: _____
4: _____
5: _____

Questão 143
Alguma vez você já colocou no papel o objetivo que deseja atingir ao longo da vida?
A. Sim.
B. Não.

Questão 144
Você suporta a solidão?
A. Sim.
B. Não.

Questão 145
Das considerações abaixo, de qual você está mais próximo?
- A. É muito importante para mim que meu trabalho esteja pronto no mais curto prazo.
- B. Não sou obcecado pelo relógio. Não é possível fazer um bom trabalho sob pressão.

Questão 146
Segundo dizem, a pontualidade é a polidez dos reis. Para você, qual é a situação atual?
- A. Hoje em dia, todo mundo corre atrás do relógio. Já não é possível chegar na hora, e eu não digo nada a quem chegar alguns minutos antes ou depois do combinado.
- B. Sou pontual. Às vezes também acontece comigo de chegar atrasado, uma ou duas vezes no ano. Evidentemente, sou tolerante com os outros. Sempre tenho algo para fazer ou alguma leitura para terminar, o que me permite esperar uns vinte minutos.

Questão 147
Você é coordenador. Uma das pessoas do grupo se queixa de que os prêmios e promoções são sempre para os outros, e ela se sente prejudicada. O que você faz?
- A. Digo que o departamento de recursos humanos está à sua disposição para assinar sua demissão, se for esse seu desejo.
- B. Faço com que ela se lembre do que já recebeu. Mostro rapidamente os resultados que recompensaram os outros. Sugiro que pense no assunto e confirmo minha disponibilidade para conversarmos quando ela tiver refletido.
- C. Faço com que ela se lembre do que já recebeu e dos esforços que fiz para que ela obtivesse a promoção desejada. Resumindo, mostro "por a mais b" que todo mundo recebe a mesma coisa de diferentes formas.

Questão 148

Karina teve uma filha no dia de seu aniversário. Como boa dona de casa e excelente administradora, disse imediatamente ao marido que isso lhe permitiria economizar um bolo! Os anos se passaram desde que essa afirmação foi feita. Marcos, bom esposo e bom pai, fez a seguinte observação à filha Stephanie: "Hoje você tem a idade que sua mãe tinha quando você nasceu. Hoje ela tem, portanto, o dobro de sua idade. Você e Jaime, por sua vez, se continuarem no caminho que estão, serão pais dentro de três anos. Assim, quando seu filho tiver 20 anos, você terá a idade de sua mãe hoje". Qual é a idade atual de Karina?

Karina tem ___ anos.

Questão 149

Bernardo se casou com Celina. Quando ainda era estudante, ele a ajudava a revisar a matéria. Suas explicações claras, a paciência, a maneira inteligente como a fazia refletir sobre o assunto em vez de passar logo a resposta e, mais ainda, seu senso de humor – eis a fascinante combinação que seduziu Celina. E o amor ilumina seus olhos. Então Francisco, irmão mais novo de Bernardo, lhe fez a seguinte observação: "Você já reparou que nossa diferença de idade, cinco anos, é a mesma que separa Gabriela de Celina?" Sabendo que Celina é a mais jovem, que Gabriela, noiva de Francisco, tem um ano a mais que ele, que a soma das idades atuais de cada casal dá um número idêntico e que, em dez anos, a soma das idades dos quatro será equivalente a um século e meio, quais são hoje suas respectivas idades?

Celina tem ___ anos.
Gabriela tem ___ anos.
Bernardo tem ___ anos.
Francisco tem ___ anos.

Questão 150

Encontre um anagrama para cada uma das palavras a seguir. Por exemplo, "amor" daria "romã", mas não Roma, que é um nome próprio. Não se preocupe com os acentos.

Temor: _____
Rota: _____
Tapa: _____
Vala: _____
Estante: _____

Questão 151

Há pessoas que afirmam planejar o dia mentalmente, durante o banho matinal. E você?
A. Isso parece incrível.
B. É assim que faço.

Questão 152

Fazer compras para casa é uma de nossas obrigações. Você se identifica mais com qual das atitudes descritas abaixo?
A. Não faço lista. Na maioria das vezes, esqueço de levá-la ou não penso em tudo. Gosto do imprevisto, da surpresa.
B. Faço uma lista de tudo que é preciso comprar. Algumas vezes esqueço de levá-la, mas é relativamente fácil lembrar do que estava lá.
C. Faço uma lista de tudo que é preciso comprar e a organizo por loja e por setor. Nem sempre é perfeito, mas ajuda. Às vezes, quando a lista é muito longa, vou riscando à medida que compro.

Questão 153

Veja o exemplo: camelo – lobisomem – membrana... Depois de "camelo", também se poderia colocar "locadora", "lodo" ou "losango".
Escreva a palavra que poderia dar sequência a cada uma das cinco seguintes.
Desenho: _____
Mentira: _____
Calma: _____
Casaco: _____
Paciente: _____

Questão 154

Algumas pessoas dizem apenas: "Que chuva!", enquanto outras afirmam: "São Pedro está lavando o céu", ou se divertem dizendo que ele abriu a torneira. Siga esse exemplo e reescreva as frases abaixo no mesmo estilo lúdico.

Faz muito calor: _____

Os preços estão subindo: _____

Alguns políticos são corruptos: _____

Questão 155

Está na hora de trocar sua escova de dentes. No que você poderia usá-la antes de jogá-la no lixo? Encontre três usos possíveis e os descreva abaixo.

1º uso: _____

2º uso: _____

3º uso: _____

Questão 156

A frase "Seu entusiasmo a atrapalhava" pode ter sentido lógico?
 A. Sim.
 B. Não.

Questão 157

A frase "Eles gritavam em coro" pode ter sentido lógico?
 A. Sim.
 B. Não.

Questão 158

Suponhamos que em um grupo de cinco pessoas, com as quais você está conversando, alguém o irrite, ou pelo modo como se comporta ou pelo jeito de falar. Como você reage normalmente?
 A. Como sou, segundo alguns um pouco "explosivo", "direto" para outros. Digo simplesmente que preferiria que ela parasse de perturbar o grupo.

B. Dou uma desculpa qualquer e me retiro, fazendo com que os outros percebam que a conversa poderá continuar mais tarde, com tranquilidade, e "talvez com os mais chegados".
C. Não posso admitir esse tipo de perturbação. Peço ao baderneiro que nos deixe conversar em paz. Como estou tranquilo e seguro, as coisas funcionam bem.
D. Não faço nada. Sofro calado. Não se pode repreender todo mundo o tempo todo. Mas depois, em particular, explico a alguém mais próximo quanto aquela atitude me incomodou.
E. Esse tipo de situação me deixa pouco à vontade. Respiro fundo e deixo escapar minha irritação. Proponho irmos a algum lugar para tomar algo, para mudar de ambiente, ou sugiro que nos encontremos em outro momento. Às vezes deixo explodir minha indignação.

Questão 159
Às vezes acontece de você perder a fala diante de uma situação inesperada, mas não improvável?
A. Sim.
B. Não.

Questão 160
Pensar no seu primeiro beijo faz você "derreter"?
A. Sim.
B. Não.

Questão 161
Alguns vendedores dizem que, "se os fazem sair pela porta, eles voltam pela janela". Você teria tendência para agir como eles?
A. Não, com certeza não.
B. Confesso que sim.

Questão 162
Um membro de sua família tem um comércio. Você se propôs a ajudá-lo durante as férias. Que trabalho preferiria fazer?

A. Receber clientes e me ocupar das vendas.
B. Cuidar da conta bancária e das faturas.

Questão 163
Você se considera particularmente obstinado?
A. Sim, muito.
B. Não, não sou assim.

Questão 164
Há pessoas que falam muito de perto, tocam e o convidam a manifestar explicitamente sua aprovação ou desaprovação. Essa atitude o contraria. O que você faz?
A. Não é meu jeito. Fico um pouco na defensiva, temendo que esse tipo de relacionamento se desgaste, mas isso nunca aconteceu. Na realidade, me adapto ao jeito do outro. Não penso que a outra pessoa seja tola, e sim que aprecia que eu siga em sua direção.
B. Definitivamente não é meu estilo. Faço o possível para ficar distante, esperando que ela não se aproxime novamente. Desconfio desse tipo de pessoa. Prefiro colocar um ponto final o mais rápido possível, porque não se pode negociar com esse tipo de gente.

Questão 165
Você trabalha com contabilidade. O departamento de vendas modificou as faturas – novo *layout*, definição da referência segundo um novo processo etc. Esta manhã, seu chefe expôs as consequências de tais mudanças. Qual é sua primeira reação?
A. Não gosto desse tipo de transtorno na rotina de trabalho. Além disso, essa mudança me obrigará a trabalhar com os dois sistemas durante aproximadamente três meses. É complicado, e não vejo qual a relevância disso.
B. Isso vai exigir um empenho especial. Será que todas essas mudanças vão me trazer alguma vantagem? Não sei de nada por enquanto, mas vou procurar saber.

Questão 166
Você é daqueles que se deslocam facilmente, basta ter vontade?
A. Sim.
B. Não.

Questão 167
Permanecer dentro do orçamento nem sempre é fácil. Você estaria mais próximo de qual das atitudes a seguir?
A. Quase nunca me surpreendo com meu extrato bancário.
B. Às vezes ultrapasso o orçamento. Meu extrato bancário me assusta de vez em quando.

Questão 168
Às vezes você se sente sobrecarregado?
A. Às vezes sim, mas é raro. Na verdade, isso é inevitável.
B. Não, nunca.
C. Sim, infelizmente muito mais do que eu gostaria.

Questão 169
Pensar silenciosamente em um antigo amor da adolescência o deixa melancólico?
A. Sim.
B. Não.

Questão 170
Você já chorou pela morte de um animal?
A. Sim.
B. Não.

Questão 171
Quando falam de você, seus amigos costumam dizer que você está "sempre com o mesmo humor"?
A. Sim.
B. Não.

Questão 172

Dizem que certos livros são verdadeiros "tijolos", devido à enorme espessura. Você já leu um deles inteiro?
- A. Sim.
- B. Às vezes interrompo a leitura e me esqueço de retomar.
- C. Nunca pego um "tijolo" para ler.

Questão 173

Certas pessoas se divertem com enormes quebra-cabeças ou com maquetes complexas. E você?
- A. Eu também gosto e não me privo disso.
- B. Prefiro outros passatempos.

Questão 174

Algumas pessoas, obstinadas, sempre voltam ao ataque, um pouco como Catão, que sempre terminava seus discursos dizendo: "Cartago deve ser destruída".
- A. Segundo meus amigos, sou esse tipo de pessoa.
- B. Não é do meu feitio insistir assim duramente.

Questão 175

É tranquilo e indiferente para você trabalhar um dia bem cedo e outro tarde da noite?
- A. Sim.
- B. Não.

Questão 176

Você está no interior com amigos. A pessoa que havia prometido fazer o jantar foi fazer compras numa cidade próxima, mas se atrasou por causa de um pneu furado. O que você faz?
- A. Nada, espero pacientemente. Não quero interferir no que já está planejado.
- B. Espero impacientemente. Na verdade, sei que ela usa os pneus até estarem muito gastos, e isso explica o que aconteceu.
- C. Preparo os legumes que ela vai usar e arrumo a mesa.

D. Começo a servir um aperitivo. Meu avô dizia que abrir uma garrafa faz os atrasados chegarem.

Questão 177
Geralmente, em um grupo:
A. Sou eu quem mais frequentemente dá ideias do que fazer.
B. Faço parte dos leais com os quais se pode contar.

Questão 178
Você está na fila do cinema. Uma pessoa aproveita sua distração para furar a fila bem na sua frente. O que você faz?
A. Não faço nada. Não dá para ficar discutindo com todo mundo o tempo todo.
B. Sorrindo, me dirijo a ela e agradeço por passar à minha frente para pagar meu ingresso.
C. Digo em voz alta: "Olha o Fura Fila!" e peço aos outros que fiquem atentos aos seus lugares.
D. Digo que eu estava ali antes dela. Esses comportamentos agressivos me deixam indignado.

Questão 179
Seus amigos dizem que você sabe escutar sem reagir, aceitando ouvir tudo sem tomar partido?
A. Sim.
B. Não.

Questão 180
Você tem tempo para você?
A. Sim, claro.
B. No momento não.

Questão 181
Normalmente, quando seu grupo se depara com um problema:
A. Com toda modéstia, devo reconhecer que faço parte daqueles que propõem soluções.
B. Participo ativamente, mas não tento fazer valer minhas ideias.

Questão 182

Algumas pessoas são tão avessas a dívidas que chegariam a correr atrás de um amigo a quem devem cinco reais para devolver o dinheiro. E você, como age?
- A. Confio a meus credores a responsabilidade de exigir o que lhes devo.
- B. Sou desse tipo. Valorizo muito estar em dia com minhas dívidas.

Questão 183

Você concorda com esta afirmação: "A vida nos negócios supõe deturpações do que alguns chamam de moral e outros de mandamentos religiosos"?
- A. Sim.
- B. Não.

Questão 184

O que você pensa a respeito da seguinte afirmação: "Não é possível haver espírito de equipe onde não há regras de funcionamento claramente estabelecidas e distribuição de papéis bem definida"?
- A. Estou de acordo.
- B. Tenho uma opinião diferente.

Questão 185

Você acha que o espírito de equipe pode ser definido de forma semelhante em uma empresa e em uma associação?
- A. Sim.
- B. Não.

Questão 186

Quando um vizinho passa por dificuldades, o que verdadeiramente você faz?
- A. Ligo para o serviço social para avisá-los.
- B. Pergunto se ele quer que eu telefone a alguém de sua família ou a algum conhecido.

C. Não faço nada. Não me meto na vida dos outros.
D. Digo que estou lá para o que ele precisar e que, caso tenha algum problema, pode tocar a campainha. Ofereço algum tipo de ajuda que lhe possa ser útil e insisto no fato de que não me custará nada (por exemplo, trazer alguns pães a mais quando eu for à padaria).

Questão 187

Você tira férias quando não é indispensável à empresa ou em períodos escolhidos de acordo com critérios pessoais?
A. Segundo critérios estritamente pessoais.
B. Quando não sou indispensável à empresa.

Questão 188

Entre as frases a seguir, qual tem sentido mais próximo do que Balzac expressou na seguinte citação, extraída de *A musa do departamento*: "Quando todo mundo é corcunda, o belo porte torna-se a monstruosidade"?
A. Muitas vezes é mais fácil seguir a moda.
B. Ir contra a corrente é monstruoso.
C. Mais vale ser corcunda do que mostrar um belo porte.
D. O padrão de beleza é definido pela maioria.
E. A admiração dos homens é o que define os padrões estéticos vigentes.

Questão 189

Entre as frases a seguir, qual tem sentido mais próximo do que André Gide expressou nesta citação, extraída de *Ainsi soit-il*: "Amo aqueles que não sabem muito bem por que amam – é então que amam de verdade"?
A. Quando somos seduzidos, não sabemos realmente explicar como e por que de nosso amor.
B. Um sentimento vindo do coração não pode ser racionalizado, esmiuçado, explicado.
C. O amor é cego, todo mundo sabe disso.

D. Como não pertence ao universo da razão, a espontaneidade é garantia de sinceridade.
E. É muito difícil admitir que não sabemos.

Questão 190
Que número dá continuidade à sequência a seguir?
55 – 66 – 78 – 91 – 105 – 120 – ...
A. 125
B. 135
C. 136

Questão 191
Se o cortador de queijo não existisse:
A. Eu o teria inventado.
B. Outra pessoa o teria inventado.

Questão 192
Retire uma letra e forme outra palavra. Por exemplo, "traça" daria "taça". A ordem das letras não pode ser alterada. Não se preocupe com acentos.
Risco: _____
Frente: _____
Pasto: _____
Asseado: _____
Corpo: _____

Questão 193
Mude uma letra e forme outra palavra. Por exemplo, "livro" daria "litro". A ordem das letras não pode ser alterada.
Negar: _____
Editar: _____
Lama: _____
Frito: _____
Grama: _____

Questão 194

Acrescente uma letra e encontre outra palavra. Dê duas respostas para cada item. Não se preocupe com os acentos, mas não altere a ordem das letras.

Ilha: _____ e _____
Anta: _____ e _____
Raça: _____ e _____
Elo: _____ e _____
Onda: _____ e _____

Questão 195

Que palavra não faz parte desta lista?
A. Quarto.
B. Biblioteca.
C. Lavanderia.
D. Sala de estar.
E. Cama.

Questão 196

Que palavra não faz parte desta lista?
A. Rua.
B. Praça.
C. Quiosque.
D. Jardim público.
E. Avenida.

Questão 197

Que palavra não faz parte desta lista?
A. Romance.
B. Dicionário.
C. Guia.
D. Ensaio.
E. Livro.

Questão 198
É preciso trocar o chuveiro.
- A. Eu mesmo faço.
- B. Chamo alguém que entenda.

Questão 199
Em relação a suas ferramentas.
- A. Tenho uma caixa de ferramentas completa e tudo que é necessário para realizar consertos.
- B. Tenho uma caixa de ferramentas como todo mundo, acredito.
- C. Não tenho caixa de ferramentas.

Questão 200
Você foi encarregado de contratar uma pessoa para a empresa onde trabalha. O filho de um amigo está entre os candidatos, mas o desempenho dele nos testes não foi muito bom. Ele ficou em décimo lugar, em uma lista com doze candidatos. O pai dele lhe pede uma "ajudinha" para que ele suba na lista. O que você faz?
- A. A amizade é sagrada para mim. Mexo os pauzinhos e contrato o filho dele, ressaltando que se trata de um gesto de amizade.
- B. O interesse da empresa me obriga a levar em conta o resultado dos testes. Converso com meu amigo sobre isso e lhe asseguro meu apoio em outras circunstâncias.

Questão 201
Para você, o que é uma equipe de trabalho?
- A. É como um time de futebol – cada um sabe o que deve fazer e em que lugar deve estar no momento certo.
- B. É como em todo lugar – um trabalha para valer enquanto os outros aproveitam.
- C. É apenas discurso. A realidade é nitidamente menos atraente.

Questão 202
Às vezes você bajula as pessoas com a intenção de ser notado?
- A. Sim.
- B. Não.

Questão 203
Você é perfeccionista?
A. Frequentemente. Muitas vezes sou criticado por isso.
B. Não me lembro de ter ouvido nada sobre isso.

Questão 204
Leias as afirmações a seguir. Qual é sua atitude?
A. Muitas vezes, em vez de chamar o encanador, encontro uma forma de dar um "jeitinho" e faço um conserto provisório. Isso me ajuda muito financeiramente.
B. Não tenho a menor habilidade e prefiro chamar alguém para não fazer besteira e piorar a situação. Pensando bem, uma válvula antivazamento deve servir e ajudar a diminuir a conta de água.
C. Nem uma coisa nem outra. Prefiro não correr riscos.

Questão 205
Você precisa bater um prego, mas não tem martelo. O que faz?
A. Vou comprar um ou pedir emprestado.
B. Uso outra coisa para bater o prego.
C. Nunca bato pregos, pois não faço reparos domésticos.

Questão 206
Que palavra não faz parte desta lista?
A. Ataúde.
B. Caixão.
C. Vinho.
D. Mortalha.
E. Sepultura.

Questão 207
Que palavra não faz parte desta lista?
A. Capim-limão.
B. Nogueira.
C. Castanheira.

D. Carvalho.
E. Macieira.

Questão 208
Que palavra não faz parte desta lista?
A. Barrar.
B. Bloquear.
C. Cercar.
D. Trancar.
E. Abrir.

Questão 209
Você regularmente dedica um tempo de suas noites ou dias livres para rever técnicas profissionais ou adquirir novos conhecimentos?
A. Sim.
B. Não.

Questão 210
A empresa onde você trabalha passa por um período de recessão. A conjuntura econômica vai mal, e os clientes são cada vez mais raros. Consequentemente, há menos trabalho no escritório. Você vê um colega tirar proveito da situação para fazer o boletim de uma associação e imprimi-lo junto com outros documentos. O que você pensa e o que faz?
A. Penso que realmente não é hora de aumentar os gastos gerais da companhia, e que agir assim, às escondidas, não é certo. Hesito em denunciá-lo. Prefiro mostrar meu espanto ao ver o papel desaparecer tão rapidamente.
B. Não vejo razão para criticar o colega. São coisas que todo mundo faz, sem problemas. Há os que pedem autorização, depois trazem tinta e papel. Mas não acho necessário chamar a atenção dele por isso. Não vai ser por causa de um pouco de papel que a empresa vai afundar.

Questão 211

No seu bairro, solidariedade não é simplesmente uma palavra. Este ano, a associação que você preside decidiu concentrar esforços na formação em informática de dez jovens, o que lhes possibilitará melhor inserção no mercado de trabalho. A festa organizada no bairro deu lucro de 930 reais, que se somaram aos 370 que já estavam em caixa. Os dez principais interessados depositaram um décimo do que receberam por trabalhar nas férias, ou seja, 1.885 reais no total. Para encorajar esses jovens, os aposentados se reuniram e recolheram uma soma quase equivalente, 1.800 reais. Você entrou em contato com um empresário que aceitou fornecer cinco excelentes computadores, com todos os programas necessários, por menos da metade do preço de mercado. O transporte, com seguro incluso, lhe custou 198 reais. Os equipamentos elétricos saíram por apenas 207 reais, já que a mão de obra foi gratuita. Por fim, um professor bem qualificado aceitou dedicar, gratuitamente, cinco fins de semana inteiros aos alunos. O custo do transporte e alojamento dos jovens representa 100 reais por fim de semana. No fim disso tudo, lhe restaram 1.080 reais. Quanto você pagou ao empresário pelos cinco computadores?
  A. 3.000 reais.
  B. 3.600 reais.
  C. 4.200 reais.

Questão 212

Quanto é 12,5% de 80?
  A. 8
  B. 10
  C. 12

Questão 213

De qual afirmação você se sente mais próximo?
  A. Um gestor deve primeiramente animar sua equipe.
  B. Primeiramente, um gestor deve expressar suas decisões.

Questão 214
Você sabe cozinhar?
- A. Sim.
- B. Não.

Questão 215
Você sabe pregar botão, ler mapa e passar camisa?
- A. Sim, sei fazer as três coisas.
- B. Sim, mas não para os três.
- C. Não, mas sei fazer outras coisas.

Questão 216
Você está em um restaurante com amigos. Você faz parte daqueles que sabem o que vão pedir antes de todos?
- A. Sim, geralmente antes de todos.
- B. Não, decido junto com todo mundo.
- C. Não, só depois dos outros.

Questão 217
Você participou de algum movimento juvenil?
- A. Sim.
- B. Não.

Questão 218
Você já foi membro da direção de alguma associação?
- A. Sim.
- B. Não.

Questão 219
Você pratica esportes regularmente, várias vezes por semana, todas as semanas do ano?
- A. Sim.
- B. Não.

Questão 220

Um terno é vendido normalmente por 400 reais. Nos quinze primeiros dias de liquidação, o desconto era de 30%. Depois, foi decidido que seria dado mais 20% de desconto para os cinco ternos restantes. Quanto seria necessário para comprar um terno que está com esse segundo desconto, caso você ainda encontre sua numeração?
   A. 224 reais.
   B. 212 reais.
   C. 198 reais.

Questão 221

Quanto é 13% de 1.100?
   A. 123
   B. 133
   C. 143

Questão 222

Quanto é 9% de 900?
   A. 77
   B. 81
   C. 99

Questão 223

Quando precisa comprar roupas, você vai sozinho ou prefere ir com alguém?
   A. Prefiro ter a opinião de alguém.
   B. Vou sempre sozinho.
   C. Depende do dia e da ocasião.

Questão 224

Há pessoas que explicam como fazer alguma coisa deixando evidentes as diferentes etapas. Tudo parece claro, mesmo quando não é simples. Como você é em relação a isso?
   A. Ler isso foi como ouvir o comentário que meus amigos fazem a respeito de minha maneira de explicar as coisas.

B. Não sou assim. Para falar a verdade, não costumo esconder as dificuldades.

Questão 225
Se você fosse obrigado a ficar de cama por três meses por causa de uma perna imobilizada, saberia o que fazer para se ocupar?
- A. Sim, precisamente.
- B. Acho que sim.
- C. Não, mas acho que encontraria.
- D. Não. Temo que o tempo me pareça longo demais.

Questão 226
Quanto tempo você passa semanalmente procurando chaves, documentos ou uma conta? (Atenção, é tempo acumulado ao longo da semana.)
- A. Menos de trinta minutos.
- B. De trinta a sessenta minutos.
- C. De uma a duas horas.
- D. De duas a três horas.
- E. Mais de três horas.

Questão 227
Como você ocupa seu tempo durante um trajeto de ônibus, metrô, trem ou avião?
- A. Leitura ou correspondência.
- B. Estudo de documentos.
- C. Outro.

Questão 228
A frase "O paxá exibia gentilmente suas tranças" pode ter sentido lógico?
- A. Sim.
- B. Não.

Questão 229
Com qual destas afirmações você concorda mais?
A. Criar é inovar.
B. Criar é subverter.

Questão 230
Quando era adolescente, você ajudava seus irmãos ou amigos a estudar e a fazer a lição de casa?
A. Sim.
B. Não.

Questão 231
No trabalho, você é aquele que traz soluções?
A. Geralmente sim.
B. Não especificamente.

Questão 232
Com qual destas afirmações você está mais de acordo?
A. Já encontrei pessoas realmente criativas vestidas de maneira "clássica" – homens de terno e mulheres de *tailleur*.
B. A criatividade não casa muito bem com a maneira clássica de se vestir. Aliás, nunca encontrei uma pessoa criativa que se vestisse assim.

Questão 233
Com qual destas afirmações você está mais de acordo?
A. Não é possível avaliar financeiramente a contribuição de alguém criativo. Os que se propõem a fazê-lo são pessoas que nada compreendem de arte e criação.
B. É possível sim avaliar objetivamente a contribuição de alguém criativo. Suas ideias trazem reduções de custos, evoluções nos produtos e inovações bem ou mal acolhidas pelos clientes.

Questão 234
Na sua opinião, o líder deve tomar a dianteira ou ir de um lado a outro para amparar cada membro da equipe?

A. Tomar a dianteira.
B. Ir de um lado a outro.

Questão 235
Com qual destas afirmações você está mais de acordo?
A. Pessoas criativas são frequentemente incompreendidas.
B. Pessoas criativas são com frequência muito apreciadas.

Questão 236
Você gagueja quando está com raiva?
A. Sim.
B. Não.

Questão 237
Quando se irrita, você transpira bastante?
A. Sim.
B. Não.

Questão 238
Com qual destas afirmações você está mais de acordo?
A. O conteúdo prevalece sobre a forma.
B. A forma prevalece sobre o conteúdo.

Questão 239
Para motivar a equipe, você acha que o líder deve levar seus subordinados a executar ou a tentar?
A. Preferencialmente executar.
B. Preferencialmente tentar.

Questão 240
Qual é sua opinião sobre o humor no ambiente de trabalho?
A. Sou mais favorável.
B. Sou mais contrário.

Questão 241
Qual é seu temperamento no trabalho?
   A. Sou mais do tipo que trabalha sozinho metodicamente e por muito tempo.
   B. Sou mais propenso a trabalhar sob ordens, de maneira rápida e correta.

Questão 242
Você é do tipo que move céus e terras para encontrar um objeto perdido?
   A. Sim, e sou capaz de procurar por muito tempo.
   B. Não, prefiro não perder tempo e comprar outro.

Questão 243
Você conhece seus vizinhos?
   A. Não. Eu sinto muito por isso, mas acho que o mundo de hoje é assim mesmo. Na verdade a gente se cruza, mas nunca tem tempo para bater papo.
   B. Sim, sei quem eles são. Sei pelo menos o nome deles e que cara têm!
   C. Sim, eu os conheço superficialmente. Conheço melhor alguns, porque temos afinidades, nos encontramos de vez em quando ou nos ajudamos algumas vezes.

Questão 244
Seus amigos lhe pedem regularmente uma "mãozinha"?
   A. Sim, eles sempre têm algum problema.
   B. Felizmente não, eles já são bem grandinhos.

Questão 245
Como é sua relação com seus irmãos e seus pais?
   A. Somos como uma verdadeira tribo.
   B. Normal, sem nenhuma particularidade.
   C. Somos extremamente solidários uns com os outros.

Questão 246

Natália, Marcos, Isabela e Cristiano são jovens. Nenhum deles completou 25 anos ainda. Todos querem curtir a vida. Gostam de caminhar, adoram dançar e apreciam grandes discussões construtivas, para as quais sempre trazem alguma ideia encontrada num texto. Estamos em pleno inverno. Natália optou por uma boina, enquanto Isabela usa um gorro de pele. Ela conseguiu encontrar um gorro vermelho-cereja que combina perfeitamente com a cor de seu batom! Quanto aos rapazes, eles se dividiram entre um chapéu-coco e um boné dos anos 30 usando um critério bem simples: o nome próprio mais longo fica com o nome de chapéu mais comprido. Já faz uma hora que saíram do apartamento de Natália. Ela preparou um jantarzinho que agradou a todos. Agora passeiam alegremente pelas ruas. Estão decidindo entre ir a uma peça de Oscar Wilde ou a um barzinho. Mas isso é problema deles. O seu é dizer que chapéu Marcos usa.
  A. Boné.
  B. Chapéu-coco.

Questão 247

Bruges e Gante são duas cidades da Bélgica que mais parecem museus a céu aberto. Elas atraem anualmente uma multidão impressionante de turistas, seduzidos pelos canais, pela riqueza dos museus e da arquitetura. E, se a primeira se orgulha de seus conventos, a segunda se compraz com o castelo de Gérard le Diable. Cristina e Carolina chegaram de trem esta manhã de Paris. Da estação, tomaram uma carruagem e seguiram diretamente para os conventos, onde se encontraram com Celina. Depois, continuaram as visitas e comeram um suculento prato típico no almoço. Mas o que queremos saber é: as parisienses desceram na estação de Bruges ou de Gante?
  A. Bruges.
  B. Gante.

Questão 248

Levando em conta apenas obras profissionais, científicas e técnicas, livros de reflexão filosófica e religiosa, quantos livros você leu do começo ao fim nos últimos doze meses?

A. Nenhum.
B. Um.
C. Dois.
D. Três ou mais.

Questão 249

Com que frequência você abre seu dicionário?
A. Pelo menos três vezes por semana.
B. No mínimo uma vez por semana.
C. Uma vez por mês, pelo menos.
D. Menos do que isso.
E. Eu não tenho dicionário.

Questão 250

Você emprestou menos de cem reais a um amigo, e ele está demorando muito para lhe devolver. Quando você tenta lembrá-lo, ele se faz de desentendido. O que você faz?
A. Falo da dívida toda vez que conversamos. Se há outra pessoa presente, procuro ser discreto, para que apenas ele entenda. Mas regularmente volto ao assunto – claro, sempre de maneira educada.
B. Acredito que é preciso reconhecer os fatos. Se, depois de vários recados educados, ele não respondeu nem devolveu o dinheiro, é porque não posso mais contar com essa quantia e devo encarar o empréstimo como "doação". Então, não digo e não faço mais nada. Vou apenas recusar se, um dia, ele me pedir dinheiro novamente.

Questão 251

Quando você faz uma reforma, de uma sala, por exemplo, como as coisas acontecem?
A. Meu compromisso é com a qualidade. O cronograma de trabalho é respeitado, e o prazo, cumprido.
B. O trabalho é bem-feito, mas não sou muito rígido em relação à programação inicial.

Questão 252
Que palavra não deveria constar da lista a seguir?
A. Sutil.
B. Pesado.
C. Estreito.
D. Limitado.
E. Obtuso.

Questão 253
Que palavra não deveria constar da lista a seguir?
A. Preço.
B. Delito.
C. Fraude.
D. Infração.
E. Assalto.

Questão 254
Que palavra não deveria estar listada abaixo?
A. Regra.
B. Cânone.
C. Arcabuz.
D. Lei.
E. Prescrição.

Questão 255
Que palavra não deveria estar na lista abaixo?
A. Harpia.
B. Virago.
C. Dragão.
D. Megera.
E. Pervertida.

Questão 256
Que palavra não deveria fazer parte da lista a seguir?
A. Mocassim.

B. Oxford.
C. Escarpin.
D. Bota.
E. Boné.

Questão 257

Daniela tem hoje seis vezes a idade de sua filha Luiza. Entretanto, quando Daniela completar 50 anos, ela não terá mais que o dobro da idade de Luiza. Qual a idade de cada uma atualmente?

Idade de Luiza: _____
Idade de Daniela: _____

Questão 258

Se você somar 981, 872 e 453, quanto obterá? Responda o mais rápido possível, sem escrever nada.
A. 2.304
B. 2.306
C. 2.308

Questão 259

Se você subtrair 8.932 de 13.419, qual será o resultado? Responda o mais rápido possível, sem escrever nada.
A. 4.481
B. 4.485
C. 4.487

Questão 260

Outro departamento, não aquele do qual você faz parte, se mostra desorganizado e, portanto, ineficaz. Na sua opinião, o erro é de quem?
A. Do responsável pelo departamento.
B. Deveria ser feita uma pesquisa.

Questão 261

Você trabalha um uma empresa cujo ambiente é agradável, mas o salário é baixo. Seu pedido de aumento foi negado, pois o orçamento

está apertado. Além disso, você foi informado de que é o mais bem pago, considerando trabalho equivalente. O que você faz?
A. Passo a trabalhar devagar.
B. Começo a procurar emprego.

Questão 262
De maneira geral, você é otimista?
A. Sim, bastante.
B. Não especificamente.

Questão 263
Você procura realizar as tarefas mais difíceis já pela manhã?
A. Sim.
B. Não.

Questão 264
Você faz intervalos regulares durante o trabalho?
A. Sim.
B. Não.

Questão 265
Você faz, sistematicamente, três refeições diárias completas, em horários fixos?
A. Sim.
B. Não.

Questão 266
Você sempre entrega seus trabalhos no prazo estipulado, sem exceção e sem precisar que lhe cobrem?
A. Sim.
B. Não.

Questão 267
Você aprendeu e pratica leitura dinâmica?
A. Sim.
B. Não.

Questão 268
Antes de um encontro muito importante, você sente as mãos suadas?
A. Sim.
B. Não.

Questão 269
A vida é assim – às vezes temos a impressão de agir sobre os acontecimentos e, em outras ocasiões, parece que são eles que tomam as rédeas. Qual é sua impressão mais frequente?
A. Agir.
B. Ser submetido.

Questão 270
Em um grupo, pedem sua opinião com mais frequência, com menos frequência ou apenas quando chega sua vez?
A. Com menos frequência.
B. Mais frequentemente.
C. Quando chega minha vez.

Questão 271
Uma discussão à noite é suficiente para atrapalhar ou impedir seu sono?
A. Sim.
B. Não.

Questão 272
Que palavra não deveria estar na lista abaixo?
A. Cintilante.
B. Reluzente.
C. Púrpura.
D. Brilhante.
E. Resplandecente.

Questão 273
Que palavra não deveria constar da lista a seguir?
A. Subtração.

B. Compactação.
C. Dilatação.
D. Diminuição.
E. Depleção.

Questão 274
Que palavra não deveria fazer parte da lista abaixo?
A. Malária.
B. Palude.
C. Pôlder.
D. Charco.
E. Pântano.

Questão 275
Que palavra não deveria estar na lista abaixo?
A. Evidente.
B. Inegável.
C. Indiscutível.
D. Notório.
E. Inalienável.

Questão 276
Entre as afirmações abaixo, qual define corretamente o verbo "escarificar"?
A. Sacrificar um animal para uma divindade de acordo com um ritual específico.
B. Recuperar pele deteriorada por escaras.
C. Realizar incisões.
D. Inflamar um debate com o pretexto de esclarecer a situação.
E. Praticar abstinência sexual.

Questão 277
Entre as afirmações a seguir, qual define corretamente o adjetivo "célere"?
A. Entregue por ciclista e, por extensão, por qualquer entregador, independentemente do tipo de veículo utilizado.
B. Coberto por toldo.

C. Relativo a corrida de bicicleta.
D. Diminutivo de cérebro.
E. Rápido e ágil.

Questão 278

Entre as palavras abaixo, qual define corretamente o substantivo "provérbio"?
A. Elocução.
B. Máxima.
C. Ordem.
D. Enunciado.
E. Decreto.

Questão 279

Você joga xadrez regularmente?
A. Sim.
B. Não.

Questão 280

Que número dá continuidade à série abaixo?
67 – 69 – 72 – 76 – 81 – ...
A. 87
B. 86
C. 85

Questão 281

Que número dá continuidade à série abaixo?
11 – 22 – 25 – 50 – 53 – 106 – 109 – ...
A. 112
B. 215
C. 218

Questão 282

No geral, como é a qualidade de seu sono?
A. Mais para ruim.
B. Mais para bom.

Questão 283
Você costuma questionar hábitos, rituais, rotinas e sistemas de organização?
   A. Sim, mais de uma vez por ano.
   B. Sim, uma vez por ano.
   C. Sim, com menos frequência.
   D. Não, não se deve mexer em time que está ganhando.

Questão 284
Na sua cozinha, as pessoas encontram facilmente o que procuram, sem precisar perguntar e sem ter recebido instrução especial de sua parte?
   A. Não.
   B. Sim.

Questão 285
Você tem uma ou várias agendas?
   A. Uma.
   B. Várias.

Questão 286
Você sempre leva uma agenda com você?
   A. Sim.
   B. Não.

Para maior eficácia, nós o convidamos a fazer os três minitestes nas páginas 83 a 94 antes de verificar os resultados.

Tabela de resultados do grande teste

Em uma folha de papel, você deve reproduzir um quadro como o que apresentamos abaixo, com quinze colunas, correspondentes aos símbolos dos indicadores.

Insira em cada coluna os pontos obtidos, conforme indica a grade das páginas 75 a 80.

Veja alguns exemplos:

- Se você respondeu E na questão 1, não marque nenhum ponto.
- Se respondeu A na questão 1, marque 2 pontos na coluna referente ao indicador ✱.
- Se respondeu B na questão 1, marque 1 ponto na coluna referente ao indicador ✱.
- Se respondeu A na questão 2, marque 2 pontos na coluna ✢.

Confira as avaliações, conforme o indicador e a pontuação, a partir da página 95.

Indicadores / Questões	✱	✢	◆	♣	▶	◀	▲	▼	✦	✪	★	✳	✖	■	●
Total															

Indicadores / Questões	A	B	C	D	E
1	✲✲	✲	✲		
2	✣✣				
3	◆				
4	▶				
5				✤✤	
6	⏪				
7		⏪			
8	▲				
9	▲				
10		⏩			
11	◆				
12	◆		◆	◆◆◆	
13	✪				
14		◆			
15	▲▲				
16	▼				
17	▼				
18	▼				
19	▼				
20	✤✤				
21	✲✲	✲			
22	✣✣				
23		◆	◆◆◆		
24	◆				
25		✪			
26	✪				
27		⏪⏪			
28		▶	▶		
29			✤✤		
30	◆				
31	★★				
32	✲✲				
33			✲		
34	✖✖				
35			★★		
36	■■				
37		■			
38		■■■			
39			★★		
40		★			
41	✲✲				
42	✲				
43	✖✖				
44		✖✖✖			
45		✖✖			
46	■■				
47		●●	●●●●		
48		✲			
49	✲				
50		✲✲✲			

Questões \ Indicadores	A	B	C	D	E
51					✣✣✣
52	✣✣	✣✣			
53	●				
54		✣			
55		◆			
56	◆				
57	✣				
58	✣				
59	●				
60	●				
61			✤✤		
62		✤✤			
63	▶				
64	▶▶				
65	Ver resposta após esta grade.				
66					▶
67	◀◀				
68		◀◀			
69	▲▲				
70	▲▲				
71	▲				
72	▼				
73	▼				
74	✤				
75				✤	
76		✤			
77	▼				
78	✦✦				
79	✪				
80	✪				
81		✪			
82	✪✪				
83	✦✦	✦			
84		✦	✦✦		
85	✦			✦	
86		▼			
87	▼				
88	▲				
89					◀◀◀
90			◀◀		◀◀
91		★			
92	★				
93		✸✸			
94		✸✸			
95	✸✸	✸			
96	✗✗✗				
97		✗✗✗			
98	■■				
99	●●				
100	●●				

Indicadores / Questões	A	B	C	D	E
101		★			
102	★				
103		★★★			
104		★			
105		✖			
106		■■			
107	■■				
108	●●●				
109	●				
110				★★★	
111					★★★
112	★★				
113	★				
114		✚✚			
115	●●				
116	●●				
117	■■				
118	■	■			
119	✖✖				
120		✖			
121	✚✚				
122	✚✚				
123		◆			
124	◆				
125				✤	
126				✤	
127		✤			
128	▶				
129				▶	
130		◀◀			
131	✚✚				
132	✚				
133	✚✚	✚			
134	◆				
135	Ver resposta após esta grade.				
136		◀◀			
137	◀				
138		▲▲			
139		▲		▲	
140		▲			
141	▲▲				
142	Ver resposta após esta grade.				
143	▲▲				
144	▲▲				
145	▼▼				
146		▼▼			
147		◀◀◀			
148	Ver resposta após esta grade.				
149	Ver resposta após esta grade.				
150	Ver resposta após esta grade.				

Questões \ Indicadores	A	B	C	D	E
151		▼▼			
152		▼			
153		Ver resposta após esta grade.			
154		Ver resposta após esta grade.			
155		Ver resposta após esta grade.			
156	▶				
157	▶				
158				◆	◆
159	◆				
160	◆				
161		✪			
162		✪			
163	✪				
164	★★				
165		★★			
166	★				
167	▼				
168	▼	▼			
169	◆				
170	◆◆				
171		◆			
172	✪				
173	✪				
174	✪✪				
175	★★				
176			✶		
177	✶✶				
178	◆			◆	
179		◆◆			
180	▼				
181	✶✶				
182		✘✘			
183		✘✘✘			
184	■■				
185	■				
186		■		■■	
187		●●●			
188					✶✶✶
189				✶✶✶	
190			◆		
191	✢				
192		Ver resposta após esta grade.			
193		Ver resposta após esta grade.			
194		Ver resposta após esta grade.			
195					◆
196			◆		
197					◆
198	✢✢				
199	✢				
200		✘✘✘			

Questões \ Indicadores	A	B	C	D	E
201	■				
202	●●				
203	✚✚				
204	✚✚	✚			
205		✚✚			
206			◆		
207	◆				
208					◆
209	●●●●				
210	✖✖✖				
211	✣✣✣✣				
212		✣			
213	◀				
214	▲				
215	▲▲	▲			
216	▲				
217	◀				
218	◀				
219	◀				
220	✣✣				
221				✣	
222		✣			
223		▲			
224	▼▼				
225	▼				
226	▼				
227	▼	▼			
228	▶				
229	▶▶				
230	◀◀				
231	◀				
232	▶▶				
233		▶▶			
234		◀◀			
235		▶▶			
236	◆◆				
237	◆◆				
238	▶▶				
239		◀◀			
240	◀◀				
241	◎◎				
242	◎◎				
243		■	■■		
244	■				
245	■		■■		
246	✶✶				
247	✶✶				
248			✶	✶✶✶	
249	✶✶	✶			
250	◎◎				

Indicadores / Questões	A	B	C	D	E
251	✪✪				
252	◆				
253	◆				
254			◆		
255					◆
256					◆
257		Ver resposta após esta grade.			
258		✤✤			
259			✤✤		
260	◀◀◀				
261		◀◀◀			
262	◀◀				
263	▼▼				
264	▼▼				
265	▼▼				
266	▼▼▼				
267	▼				
268	◆◆				
269	◀◀◀				
270		◀◀			
271	◆◆				
272				◆	
273				◆	
274	◆				
275					◆
276			◆◆		
277					◆◆
278		◆◆			
279	✱				
280	✱				
281			✱		
282		▼			
283	▼	▼			
284		▼			
285	▼				
286	▼▼				

Respostas das demais questões

Questão 65

Respostas sugeridas:
O Estado de S. Paulo: Romeu quebra a perna
Folha de S. Paulo: Romeu afirma que balcão foi responsável por queda

Jornal da Tarde: Julieta se desespera ao saber do acidente de Romeu
O Globo: Romeu confirma perna quebrada e culpa balcão
O Dia: Estresse após acidente de Romeu
Conte um ▶ para cada resposta correta, ou seja, no máximo cinco.

Questão 135
Soluções possíveis: advogada, cocada, goiabada, marmelada, olimpíada etc. (admirada, capacitada, atrapalhada, entre outros, são adjetivos e não substantivos, como solicitado)
Conte um ♦ para cada resposta correta, ou seja, dois no máximo.

Questão 142
Soluções possíveis: quero, reto, pote, perto, quieto. Qualquer outra palavra que atenda aos critérios e esteja presente no dicionário será considerada resposta certa.
Conte um ♦ para cada resposta correta. Serão no máximo cinco.

Questão 148
Karina tem 46 anos.
Conte um ♣ se você acertou a resposta.

Questão 149
Celina tem 23 anos, Gabriela, 28, Bernardo, 32, e Francisco tem 27 anos.
Conte quatro ♣ se você acertou as quatro idades.

Questão 150
Soluções propostas: metrô, tora, pata, lava, setenta. Outras soluções são possíveis.
Conte um ♦ para cada resposta correta; serão cinco no máximo.

Questão 153
Soluções possíveis: senhora, tiragem, macaco, sacola, enteado. Outras palavras podem ser consideradas como resposta correta.
Conte um ▶ para cada resposta correta. Serão cinco no máximo.

Questão 154
Soluções propostas:
Faz muito calor: O mundo está pegando fogo *ou* O dia hoje está mais quente que o inferno.
Os preços estão subindo: A gente tem que vender o almoço para comprar a janta.
Alguns políticos são corruptos: Todos querem mamar nas tetas do governo.
Outras soluções são possíveis.
Conte dois ▶ para cada resposta aceita, ou seja, seis no máximo.

Questão 155
Soluções propostas: Escovar a base das torneiras para retirar o calcário que ficou depositado ali; escovar as peças do aparelho de barbear ou do aparelho de depilar; retirar a poeira de miniaturas; limpar as unhas de seu animal de estimação; limpar o rejunte dos azulejos etc.
Conte dois ▶ para cada resposta aceita; serão seis no máximo.

Questão 192
Soluções propostas: rico, rente, pato, assado, copo. Outras soluções são possíveis, desde que a palavra esteja no dicionário.
Conte um ♦ para cada resposta correta, ou seja, no máximo cinco.

Questão 193
Soluções propostas: pegar, evitar, cama, grito, trama. Outras soluções são possíveis, se a palavra estiver no dicionário.
Conte um ♦ para cada resposta correta, ou seja, cinco no máximo.

Questão 194
Soluções propostas: pilha, tilha / tanta, canta / graça, traça / zelo, velo / sonda, ronda. Outras soluções são possíveis, desde que a palavra esteja no dicionário.
Conte um ♦ para cada resposta correta. Serão no máximo dez.

Questão 257
Luiza tem 5 anos, e Daniela, 30.
Se você respondeu corretamente as duas idades, conte três ♣. Caso só tenha acertado uma idade, não conte nada.

Miniteste I

Para cada linha, indique se a sequência apresentada na coluna da esquerda foi fielmente reproduzida na coluna da direita. Se os dois conjuntos forem idênticos, marque "sim"; do contrário, assinale "não". Você tem quatro minutos para fazer o teste. Se ultrapassar o tempo, o resultado não será válido.

A.	123456789	123456789	Sim ☐	Não ☐
B.	12AB98DC	12AB98DC	Sim ☐	Não ☐
C.	QSDF9876	QSDF9876	Sim ☐	Não ☐
D.	TRNB4646	TRND4646	Sim ☐	Não ☐
E.	FFFFF333	FFFFF333	Sim ☐	Não ☐
F.	CGVTHJUI	CCVTIIJUI	Sim ☐	Não ☐
G.	BO9872309	BO98723O9	Sim ☐	Não ☐
H.	C8V7D6F1G3	C8V7D6E1G3	Sim ☐	Não ☐
I.	DF43GT6709W	DF43GT6709W	Sim ☐	Não ☐
J.	FRRBU4321RF	FRRBU4321RF	Sim ☐	Não ☐
K.	XWK4972WKYD	XWK4972WKYD	Sim ☐	Não ☐
L.	KIRDBPZARETX	KIRDBPZARETX	Sim ☐	Não ☐
M.	PLWS63900007	PLWS63900O07	Sim ☐	Não ☐
N.	VFRPLU10050202	VFRPLU10050202	Sim ☐	Não ☐
O.	BODRE9834WWFG	BODRE9834WWFG	Sim ☐	Não ☐
P.	QJLK543DWWPKI	QJEK543DWWPKI	Sim ☐	Não ☐
Q.	CGC43PLOWART	GCG43PLOWART	Sim ☐	Não ☐
R.	MW34POU98WM	MW34POU98MW	Sim ☐	Não ☐

S. PLOX71064DF200   PLOX71064DE200   Sim ☐   Não ☐
T. QOGC439696VNB   QOGC489696VNB   Sim ☐   Não ☐

Resultado

- Se você ultrapassou o tempo estipulado, a pontuação é nula.
- Se respeitou as instruções, conte 1 ponto por resposta correta.
- Se não errou nada e obteve 20 pontos como subtotal, acrescente mais 10 e terá 30. Receba nossos parabéns!
- Se você errou algumas, mas respondeu corretamente a todas as questões das letras P a T, acrescente 8 ao subtotal e escreva abaixo sua pontuação.
- Se mais acima, no início dos itens, você tiver respondido corretamente a pelo menos seis questões consecutivas, acrescente 5 ao subtotal e escreva abaixo sua pontuação. Em qualquer outro caso, nada deve ser acrescentado ao subtotal, que, dessa forma, deve se tornar sua pontuação final.

Escreva aqui sua pontuação final: ____/30

Pontuação acima de 26 indica boa capacidade de concentração.
De 23 a 26, indica capacidade média.
Pontuação inferior a 23 é sinal de capacidade de concentração limitada e insuficiente para trabalhos de controle.
Consulte o trecho dedicado ao indicador ▶.

Solução

A. Sim	E. Sim	J. Sim	O. Sim	T. Não
B. Sim	D. Não	I. Sim	N. Sim	S. Não
C. Sim	H. Não	M. Não	R. Não
B. Sim	G. Não	L. Sim	Q. Não
A. Sim	F. Não	K. Sim	P. Não

Miniteste II

Escreva aqui a hora em que der início ao teste: _____
 Faça o teste respondendo ininterruptamente a todas as questões. Esforce-se para responder o mais rápido possível. Assim que tiver respondido a uma questão, passe sem demora à seguinte.

Questão 1
"O primeiro carro que me foi apresentado era vermelho-cereja. O segundo, parecia mais verde-maçã. O terceiro era realmente laranja, damasco para ser mais preciso. Gosto dos três. Os três são realmente ótimos. Sou incapaz de escolher. O que você me aconselha?"
 Não sabemos o que João respondeu ao colega André. No lugar de João, o que você responderia?
 A. O primeiro.
 B. O segundo.
 C. O terceiro.
 D. Outra resposta: _____

Questão 2
O restaurante ao lado oferece, no almoço, um cardápio simples com três pratos. Os clientes podem se servir à vontade de salada. Há queijos em uma mesinha. Você só precisa escolher o prato principal. Hoje, as opções são: chouriço com cebola e purê de aipo, ou língua com uva-passa, espinafre e minicenoura, ou ainda pescada na manteiga com legumes variados.
 O que você escolhe?

A. A primeira opção.
B. A segunda opção.
C. A terceira opção.

Questão 3

Você chega a um hotel onde reservou uma bela suíte para três noites com seu amor. Muito agradável e atenciosa, a recepcionista lhe oferece três quartos para que você escolha, todos com varanda e vista para o mar. É a decoração que os diferencia. O primeiro é todo decorado em azul. O terceiro é todo turquesa, com detalhes amarelo-limão. Já o interior do segundo quarto é de inspiração escocesa. Qual você escolhe?
A. O primeiro.
B. O segundo.
C. O terceiro.

Questão 4

Você está fazendo a reserva de um lugar em um trem para passeio pela Europa. Muito atencioso, o funcionário do guichê pergunta se você quer um lugar que permite que você fique sentado olhando para a frente do trem ou um voltado para a parte traseira da locomotiva. Qual você escolhe?
A. O primeiro.
B. O segundo.

Questão 5

Um amigo apaixonado por aeronáutica o arrasta para uma exposição. Há a possibilidade de se sentar, por um rápido instante, no lugar do piloto de um avião de caça. Há três aeronaves no solo e três filas se formaram, todas do mesmo tamanho. A primeira é para subir em um modelo europeu. A segunda, em um americano. E a terceira conduz a um avião chinês.
Por qual fila você opta?
A. A primeira.
B. A segunda.
C. A terceira.

Questão 6

Você alugou um apartamento mobiliado para as férias. Como as crianças ainda são bem novas, você escolheu um balneário. Para chegar à praia, bastam dez minutos. Você pode escolher entre atravessar diretamente as dunas ou pegar dois outros itinerários. Um deles passa pela rua do comércio e, assim, você pode comprar o jornal. O outro acompanha o cais, o que permite apreciar o movimento dos barcos.

Qual itinerário você escolhe?
A. As dunas.
B. A rua do comércio.
C. O porto.

Resultado

- Se você deixou alguma questão em branco, leia-a novamente e responda. A ausência de uma única resposta invalida o teste.
- Se você respondeu a todas as questões, escreva aqui a hora exata em que terminou: _____ Calcule o tempo gasto para responder a todas as questões e escreva aqui seu tempo em minutos: _____ minutos
- Se fez o teste em menos de quatro minutos, você realmente tem capacidade de decisão.
- Se seu tempo está entre quatro e seis minutos, você sabe decidir sem perda de tempo.
- Se está entre seis e oito minutos, você só decide com prudência e se dá o tempo para refletir.
- Se seu tempo for mais longo, seu temperamento é de natureza hesitante e sua capacidade de agir é limitada.

Consulte o trecho dedicado ao indicador ✿.

Solução

Suas escolhas não têm importância alguma. Os enunciados não trazem nenhum critério de escolha, portanto não há resposta certa ou errada. O que importa é o tempo usado para decidir.

Miniteste III

Responda rapidamente a todas as questões, sem recorrer a nenhum tipo de ajuda.

Escreva que horas são. Você tem, no máximo, quinze minutos para responder às trinta questões.

Questão 1

Em que continente está localizada a ilha de Madagascar?
- A. África.
- B. América Central.
- C. Oceania.

Questão 2

Quando George Orwell escreveu o célebre livro *1984*?
- A. Antes de 1955.
- B. Entre 1955 e 1970.
- C. Depois de 1970.

Questão 3

Em que época aconteceram as Cruzadas?
- A. Antes do ano 800.
- B. Entre 800 e 1000.
- C. Depois do ano 1000.

Questão 4
Em que oceano se encontra a Polinésia Francesa?
A. Oceano Atlântico.
B. Oceano Pacífico.
C. Oceano Índico.

Questão 5
Com qual destes países o Brasil não faz fronteira?
A. Bolívia.
B. Paraguai.
C. Chile.

Questão 6
O que é "tremoço"?
A. Um tipo de planta.
B. Um jovem ansioso.
C. Um tipo de pedra preciosa.

Questão 7
Com qual destes países a Argentina não faz fronteira?
A. Brasil.
B. Uruguai.
C. Venezuela.

Questão 8
Em que época viveu o pintor Jean-Baptiste Debret?
A. Entre os séculos XVII e XVIII.
B. Entre os séculos XVIII e XIX.
C. Entre os séculos XIX e XX.

Questão 9
Em relação à palavra "toldo", qual destas três significações é incorreta?
A. Cobertura.
B. Malho.
C. Abrigo.

Questão 10
Qual era a nacionalidade de U Thant, secretário-geral da ONU entre 1961 e 1971?
A. Birmanês.
B. Indiano.
C. Mauriciano.

Questão 11
Em que ano faleceu o célebre compositor Wolfgang Amadeus Mozart?
A. 1791
B. 1678
C. 1713

Questão 12
De qual país se origina o Cirque du Soleil?
A. França.
B. Suíça.
C. Canadá.

Questão 13
Entre as cidades brasileiras a seguir, qual não é banhada pelo mar?
A. Barra de São Miguel.
B. Aracaju.
C. Diamantina.

Questão 14
Por qual destas cidades o rio Tietê não passa?
A. Curitiba.
B. Salesópolis.
C. São Paulo.

Questão 15
Qual dos estados a seguir não é canadense?
A. Ontário.
B. Dakota.
C. Alberta.

Questão 16
Qual destas cidades não se encontra na Colômbia?
  A. Caracas.
  B. Cali.
  C. Bogotá.

Questão 17
Entre as vinícolas a seguir, qual não é brasileira?
  A. Miolo.
  B. Don Laurindo.
  C. Almaviva.

Questão 18
Entre estas cidades, qual não está na região Sudeste brasileira?
  A. Vitória.
  B. Rio Branco.
  C. Rio de Janeiro.

Questão 19
Qual destas cidades não se encontra na Suécia?
  A. Copenhague.
  B. Gotemburgo.
  C. Estocolmo.

Questão 20
Quem descobriu a vacina contra a raiva?
  A. Ambroise Paré.
  B. Louis Pasteur.
  C. René Laennec.

Questão 21
Estes três portos figuram entre os mais importantes do mundo. Qual deles não é europeu?
  A. Antuérpia.
  B. Roterdá.
  C. Chiba.

Questão 22
Entre os escritores abaixo, qual não é inglês?
   A. Virginia Woolf.
   B. Jane Austen.
   C. Marcel Proust.

Questão 23
O que o "Grito do Ipiranga" simboliza?
   A. O início da Guerra de Canudos.
   B. O descobrimento do Brasil.
   C. A independência do Brasil.

Questão 24
Qual dos países a seguir, até o início de 2009, ainda não havia ratificado o Protocolo de Kyoto?
   A. Estados Unidos.
   B. Brasil.
   C. Chile.

Questão 25
Qual dos estados a seguir não faz parte da região Sul do Brasil?
   A. Rio Grande do Sul.
   B. São Paulo.
   C. Paraná.

Questão 26
Qual dos pratos a seguir não é tipicamente brasileiro?
   A. Feijoada.
   B. Macarrão.
   C. Tutu de feijão.

Questão 27
A cidade de Diamantina é a terra natal de qual ex-presidente brasileiro?
   A. Juscelino Kubitschek.
   B. Getúlio Vargas.
   C. Fernando Henrique Cardoso.

Questão 28

Entre os aeroportos abaixo, qual está localizado no estado de São Paulo?
A. Aeroporto Internacional de Pelotas.
B. Aeroporto Santos Dumont.
C. Aeroporto Internacional de Congonhas.

Questão 29

Em que ano faleceu Getúlio Vargas?
A. 1944
B. 1969
C. 1954

Questão 30

Qual destes queijos é fabricado com leite de ovelha?
A. Roquefort.
B. Comté.
C. Cantal.

Resultado
• Se você ultrapassou o tempo limite de quinze minutos, seu resultado não tem valor.
• Se você acertou mais de 26 questões, tem boa cultura geral.
• De 20 a 26, você está na média.
• Menos de 20, pode significar desvantagem.
Leia o trecho dedicado ao indicador ❖.

Solução			
1. A	9. B	17. C	25. B
2. A	10. A	18. B	26. B
3. C	11. A	19. A	27. A
4. B	12. C	20. B	28. C
5. C	13. C	21. C	29. C
6. A	14. A	22. C	30. A
7. C	15. B	23. C	
8. B	16. A	24. A	

Resultados: comentários e orientações

INDICADOR ✲
Potencial de aprendizado

Quando uma empresa vai lançar uma nova técnica no mercado, precisa encontrar pessoas capazes de aprender e dominar essa nova habilidade. Portanto, medir o potencial de aprendizado dos candidatos é essencial em testes de seleção. É de interesse de qualquer candidato ser recrutado apenas se realmente tiver a capacidade de aprender em um prazo razoável. Esse indicador ganha ainda mais importância porque, nos dias atuais, são inúmeras as situações em que é preciso descobrir e dominar novas técnicas, para integrar uma empresa ou acompanhar seu desenvolvimento tecnológico. O potencial medido é a capacidade de compreensão e aplicação pertinente dos conhecimentos adquiridos.

Resultado superior a 35

Nos primeiros tempos da informática, você poderia ser contratado por uma grande empresa, conhecer equipamentos e técnicas, aprender programação e fazer carreira. Seu potencial não o predispõe particularmente a uma profissão mais do que a outra. Seu mecanismo intelectual lhe permite compreender e aprender tudo rapidamente. Você pode aproveitar essa capacidade em muitos campos. Entretanto, não confunda saber com habilidade. Esta exige aprendizado bem direcionado, mesmo em profissões intelectuais. Não é possível improvisar uma escultura, ainda que conheçamos tudo sobre as ferramentas, as técnicas e os materiais.

Resultado de 28 a 35

Um resultado médio pode ser considerado o mínimo necessário para funções de gerência ou ensino. Esse nível também é necessário para exercer corretamente profissões nas quais a quantidade de conhecimento que se deve dominar e aplicar constantemente é considerável. Por exemplo, funções técnicas de manutenção e reparo.

Resultado inferior a 28

Isso não impede que você almeje carreiras de sucesso, sobretudo em vendas, se tiver a força e a vontade necessárias para ser bem-sucedido nesse difícil setor, no qual perseverança e trabalho fazem a diferença. Com cuidado, evite se colocar em dificuldades assumindo funções que não consiga realmente dominar. Você pode perder oportunidades e estar sujeito a todas essas doenças graves provocadas por intenso estresse.

> **Fique atento!**
> Ouvimos afirmarem frequentemente que todos deveríamos trocar três vezes de profissão, especialização ou técnica durante a vida profissional. Somos, portanto, sem distinção, obrigados a aprender, mas há setores menos complexos que outros.

INDICADOR ✥
Espírito prático

Todo mundo conhece alguém que desenvolveu alguma técnica ou instrumento particular para dar conta de uma necessidade específica. Sua esperteza nos encantou, tanto quanto sua habilidade ou perfeccionismo. Quer seja na oficina vizinha ou em uma grande indústria distante de casa, a capacidade de encontrar novas soluções técnicas permite que certas pessoas trabalhem mais rapidamente e melhor.

Esse indicador revela aptidão para trabalhos manuais e paixão pelo trabalho bem-feito, se você respondeu objetivamente às questões do teste. Você conhece seu gosto por trabalhos manuais. É necessário distinguir entre habilidade e interesse. É possível pintar maravilhosamente bem o próprio apartamento e não querer fazer disso uma profissão.

Resultado superior a 26

Este resultado não deve surpreendê-lo. Você já deve ter sonhado com profissões nas quais sua habilidade pode fazer maravilhas. Bons artesãos são muito procurados tanto por particulares quanto por empresas que precisam de fornecedores ou serviços terceirizados executados por profissionais talentosos. A habilidade resulta de longa prática. Não pule etapas e aproveite plenamente seu tempo de aprendizado, selecionando bem os cursos de formação.

Resultado de 20 a 26

Um resultado médio pode ser reflexo de real capacidade e interesse limitado. É importante que você reflita bem sobre isso antes de escolher uma profissão na qual certamente você será excelente, mas sem se desenvolver ao ponto que gostaria. É possível que você prefira uma profissão diferente, ainda que sejam necessários conhecimento e habilidade. É o caso, por exemplo, de vendedores de ferramentas e materiais, instrutores ou responsáveis por serviços pós-venda.

Resultado inferior a 20

Esse resultado revela falta de gosto por trabalho manual ou desinteresse por artes ou técnicas. Quem sabe você não tenha mais interesse por contabilidade?

Fique atento!

Certas pessoas são perfeitamente capazes de definir processos ou descrever mecanismos, embora sejam inábeis e consequentemente inaptas para estabelecer processos imaginados. Elas podem se mostrar excelentes no trabalho com educação ou se revelar úteis na área de ergonomia.

INDICADOR ♦
Facilidade de expressão

Saber se expressar de forma clara é fundamental quando desejamos informar ou simplesmente ajudar um cliente em dificuldade. Atualmente, as empresas têm grande necessidade de colaboradores capazes de elaborar manuais de utilização claros e precisos ou de fazer chegar aos clientes, por correspondência e contratos corretamente redigidos, as explicações necessárias. Muitas reclamações surgem da imprecisão de uma nota ou da inadequação dos termos utilizados no *site* da companhia. Este indicador leva em conta ortografia, conhecimento do idioma e do léxico do qual ele é composto, bem como sua aptidão para apreender conceitos.

Resultado superior a 55

Este resultado significa vantagem para qualquer função que demande apresentação e explicação, o que não é somente atributo de advogados, oradores ou dirigentes de empresa. Muitos outros profissionais não podem se sobressair em sua profissão sem a facilidade de expressão descrita acima. São eles: assessor de imprensa, porta-voz, psicólogo, intérprete, sociólogo, ergonomista, consultor de gestão, conciliador social, redator em agência de comunicação, redator de manuais de utilização e livretos de manutenção, consultor de engenharia, professor, bibliotecário, arquivista, cenógrafo, roteirista, romancista, jornalista, médico, crítico de arte, cronista, chefe de recursos humanos. Esta lista não tem fim!

Resultado de 44 a 55

Se a língua portuguesa não é seu idioma materno, ou se você foi alfabetizado em outra língua, um resultado baixo não deve desencorajá-lo nem impedi-lo de tentar a formação que deseja. Idioma a gente aprende!

Esse resultado não o impede de considerar atividades muito lucrativas. Dê preferência ao trabalho que pode ser feito sozinho, como autônomo. Existem renomados profissionais que têm reduzida capacidade de comunicação, mas vendem produtos cuja qualidade é reconhecida. Essa excelência fala por eles!

Resultado inferior a 44

É possível afirmar categoricamente que um bom domínio das diversas profissões apontadas anteriormente é impossível se o resultado foi inferior a 44, independentemente das qualidades manifestadas em outros itens. De maneira geral, pretender assumir funções de gestão e direção com um resultado inferior a esse é particularmente arriscado.

> **Fique atento!**
> A facilidade de expressão aqui definida se refere à expressão tanto oral quanto escrita. E exclui problemas físicos, como a gagueira.

INDICADOR ✤
Aptidão para cálculo

Satisfeito por ter finalizado sua apresentação, o jovem gestor, considerado promissor, ou mesmo brilhante, retomou seu lugar. Então, o diretor-geral passou a palavra aos membros do Comitê de Direção. O primeiro a falar não tomou nota alguma. Não discutiu as ideias. Disse apenas que a operação matemática no alto do quadro não podia dar aquele resultado. Não houve outra intervenção, e nosso jovem gestor foi embora, constrangido. A explicação é simples. Ele usou uma calculadora, errou na digitação de um número e não verificou se o resultado era plausível. Construiu toda sua argumentação sobre esse dado essencial, mas era tudo falso. Arruinou sua esperança a curto ou médio prazo, pelo menos.

Acreditar que o cálculo mental é inútil atualmente, ou que só é importante para vendedores ambulantes, é uma ideia equivocada. Qualquer pessoa habituada a fazer controles e verificações lhe mostrará que os erros são captados, na maioria das vezes, a olho nu, identificando-se as incoerências.

Resultado superior a 36

Essa aptidão lhe será muito útil em todas as profissões técnicas, quer você seja especializado em resistência de materiais, geômetra, engenheiro ou arquiteto. Ela é necessária em todas as profissões em que a manipulação numérica é cotidiana. Entre elas: gestor de produção, auditor financeiro, contador, responsável por planejamento e gestão orçamentária, tesoureiro, caixa, bancário, gerente de estoque, chefe de seção de grandes comércios, gestor de aplicação em fundos, auditor bancário, agente de mercados interbancários, corretor de valores, estatístico, gerente de sociedade de investimento, contabilista do Tesouro Público, responsável técnico de tributação, inspetor da alfândega, astrônomo, físico, bem como todas as profissões ligadas ao comércio. Seria difícil imaginar um professor de matemática competente se seu resultado não for dos mais elevados!

Resultado de 28 a 36

Esse resultado pode ser considerado o mínimo necessário para o exercício das profissões citadas anteriormente. Esse nível é desejável também para todas as funções comerciais, qualquer que seja o setor de atividade. Um vendedor não será muito competente se não souber diferenciar um desconto de 5% de outro duas vezes maior!

Resultado inferior a 28

Você pode ter se distraído. A falta de prática é uma desvantagem.

A aritmética pode perfeitamente ser aprendida, e é possível treinar em qualquer época e em todas as situações. Se você for relutante quanto a isso, pode se voltar para outras funções, nas quais os números estejam ausentes. Há uma série delas.

Fique atento!

Se você tem lacunas nesse domínio e deseja evitar aborrecimentos, use uma calculadora com impressora para fazer suas contas. Cheque também seus resultados passando para a operação inversa. Por exemplo, multiplique o resultado para verificar uma divisão.

INDICADOR ▶
Criatividade e capacidade de inovar

Toda empresa deve inovar constantemente. Portanto, a criatividade é uma necessidade. Acrescentamos a capacidade de inovar para ressaltar que a criatividade útil não é aquela que se reivindica em certos lugares onde chocar parece ser obrigatório. A cada dia, empresas, portanto homens, desenvolvem novos produtos e serviços. Mas a inovação não se limita a novidades, e são as pessoas criativas que imaginam outras formas de atrair clientes ou concebem processos de fabricação menos onerosos. Um executivo do setor administrativo que redige um novo formulário, compreensível à primeira leitura, demonstra criatividade útil. Finalmente, todo homem sensato sabe que qualquer ideia nova surge a partir do confronto de duas ideias antigas. Como é possível inovar quando não se conhece nada?

Resultado superior a 39

Este resultado o qualifica para o papel de elétron livre no interior de um grupo encarregado de encontrar novos caminhos e direções. Entretanto, para que você seja valorizado nesse papel, é preciso que saiba privilegiar a ideia inovadora e não deixe de valorizar as sugestões dos outros. Aliás, se você não dominar as técnicas da empresa, não poderá nem dirigir o grupo nem evoluir no interior da estrutura. No seu caso, além do trabalho em agências de publicidade, no qual todos pensam em primeiro lugar, você também pode contribuir com organizações de vocação cultural ou artística.

Você é capaz de desenvolver novos produtos ou processos, se for engenheiro ou arquiteto, ou ainda um técnico trabalhando sob a orientação desses profissionais.

Se for consultor ou mediador, em qualquer área, sua criatividade o ajudará a conceber esquemas de organização ou negociação próprios para a resolução dos problemas dos quais você se encarrega.

Evidentemente, ser criativo permite considerar todas as profissões chamadas de "criação", mas também as de empresário ou dirigente de empresa, se você tiver as outras qualidades necessárias.

Resultado de 28 a 39

Este pode ser considerado o mínimo necessário para qualquer indivíduo que tenha que dirigir uma unidade de produção, pois é preciso imaginar novas soluções para novos problemas. Esse resultado também indica que você pode trabalhar com ensino, interessando e motivando alunos universitários ou estagiários. Você ainda pode ser jornalista, que precisa rapidamente explicar e fazer o público entender uma situação mediante imagens pertinentes.

Resultado inferior a 28

Um resultado fraco neste domínio não o impede de construir uma carreira brilhante. Você pode pensar em postos de chefia em grandes empresas, onde o respeito às regras e processos é mais importante que a iniciativa. Trabalhar com vendas não exige criatividade pessoal, mas respeito às ideias do cliente. Você pode ser excelente em todas as profissões do comércio, com exceção daquelas que envolvem arte.

> **Fique atento!**
> É importante notar que uma pessoa pode não ser nada criativa, mas saber perfeitamente aproveitar a capacidade criativa dos outros.

INDICADOR ◄
Habilidade para liderar

Fazer as pessoas trabalharem é bem mais complexo do que fazer a gente mesmo. Todo líder precisa saber organizar seu próprio trabalho, bem como o das pessoas da equipe. Precisa saber decidir, explicar suas decisões e transmitir o método ou critério de escolha que utiliza. Deve saber delegar, ou seja, confiar a um colaborador uma tarefa que atinja um objetivo mensurável, em uma data definida, com a ajuda de recursos humanos, financeiros e materiais determinados. Deve saber reunir seus colaboradores para informá-los, consultá-los ou pedir sugestões. Deve saber motivar a equipe, dar literalmente "alma" ao grupo. Precisa saber representar seu departamento, promovê-lo e ser capaz de se responsabilizar totalmente por aquilo que não foi cumprido pela equipe. Isso tudo exige não apenas "saber", mas também, e sobretudo, habilidade para lidar com pessoas. É essa habilidade que este indicador revela.

Resultado superior a 44

Quem sabe você não é um líder em potencial? Este resultado indica boas disposições a isso. Você pode assumir funções de chefia. Entretanto, não hesite em aprender mais. Como liderar equipes se você não souber discernir o essencial, ou se cair na armadilha da falsa urgência, ou ainda se negligenciar o conteúdo em proveito da forma? Em uma empresa saudável, o chefe é promovido apenas quando conseguiu fazer a equipe trabalhar de tal forma que sua própria ausência não causa problema algum.

Resultado de 37 a 44

Este é o mínimo necessário para o exercício de uma função de chefia administrativa. Aceitar liderar uma equipe operacional seria arriscado, para você e para a empresa. Continuar sua formação é indispensável e deve ser sua primeira preocupação.

Resultado inferior a 37

Isso não o impede de pensar em carreiras brilhantes e lucrativas em funções como autônomo e que possam ser executadas de forma mais solitária.

Fique atento!

Chefiar é algo que pode ser aprendido. Esse aprendizado é mais encontrado na formação contínua do que na inicial. Todo o conhecimento necessário pode ser adquirido na formação contínua, mas o caminho é longo, e o aprendizado, difícil.

INDICADOR ▲
Capacidade de autonomia

Em uma empresa, certas funções só podem ser exercidas por pessoas capazes de trabalhar sozinhas, ou mesmo isoladas, sem a ajuda de uma equipe ou da chefia. Isso pode estar relacionado à atividade da empresa ou à natureza do trabalho que foi confiado ao colaborador. Qualquer profissional, mesmo muito experiente, não necessariamente aprecia essa solidão e o peso de uma responsabilidade que não é partilhada. Há ainda os que não gostam de trabalhar de outra forma que não seja em equipe e em uma sala ampla, junto com outras pessoas. Já outros trabalham melhor em uma sala isolada, sem barulho, sem ser incomodados, sem perturbação alguma. Enfim, há os que trabalham melhor quando se sentem independentes e determinam seus próprios horários, sistema de organização e ritmo, em função dos objetivos e exigências externas. Há níveis de autonomia, como em outros aspectos da vida. É certo que aquele que fundamenta suas escolhas em suas próprias convicções, mais do que no desejo de agradar o outro, manifesta autonomia incontestável. Esse tipo de comportamento independente não se encontra frequentemente em empresas ou instituições.

Resultado superior a 21

Você certamente tem necessidade de ser independente, e sua capacidade de trabalhar de maneira inteiramente autônoma pode ser bastante alta. Isso permite que você pense em exercer profissões liberais, comerciais ou artesanais. Empresas bem administradas geralmente se interessam por seus serviços. Você pode se candidatar a cargos técnicos ou comerciais no exterior. Seu nível de autonomia o qualifica para funções que podem ser exercidas longe da empresa, mas também longe de sua comunidade e cultura habituais.

Resultado de 16 a 21

Este resultado o qualifica para muitas funções nas quais a capacidade de tomar iniciativa ou assumir sozinho a responsabilidade de suas escolhas for determinante. Entre elas: responsável por uma unidade, bem como qualquer função que implique trabalho autônomo.

Resultado inferior a 16

Este resultado é muito fraco para que você exerça funções de chefia ou seja obrigado a trabalhar isolado. Por outro lado, você pode ser muito apreciado trabalhando em um grupo permanente. Esse tipo de função apresenta mais vagas do que os anteriormente citados.

> **Fique atento!**
> Entre o caráter de um trabalhador autônomo e o de um indivíduo que pouco se preocupa com os outros, há uma enorme diferença!

INDICADOR ▼
Capacidade de organização

Essa aptidão revela a capacidade de estabelecer um programa de ações eficaz com relação aos objetivos estabelecidos. Um profissional organizado e metódico é mais eficiente, não se perde nos detalhes e vai direto ao ponto. Ele mesmo estabelece o que é necessário para produzir o resultado esperado no prazo estabelecido e com garantia de qualidade. Essa capacidade de organizar o próprio trabalho é indispensável a qualquer profissional que lide com autonomia total ou parcial. Além disso, qualquer indivíduo que vá exercer cargo de chefia precisa ser capaz de organizar o trabalho dos outros, o que implica outras aptidões, como comandar.

Resultado superior a 35

Este resultado revela boas práticas pessoais e domínio de conhecimentos fundamentais relativos à organização. Você deve, portanto, ser um profissional eficaz no setor que domina, o que não é suficiente para que seja consultor ou ergonomista de alto nível. A organização do trabalho supõe o domínio de técnicas que não podem ser avaliadas neste teste. Entretanto, é certo que, se você se sente atraído por funções como organização da produção, tem todas as aptidões necessárias para tirar o melhor proveito desse aprendizado. Nas atividades cotidianas inerentes a qualquer função de chefia, você deve obter bons resultados, se sua capacidade de motivar a equipe estiver à altura de seu talento para a organização. Coordenar grupos de trabalho em um canteiro de obras, como qualquer outra função de planejamento, deve ser interessante para você.

Resultado de 28 a 35

Seria arriscado se lançar em uma profissão que exija grande autonomia se seu resultado for abaixo de 28, que pode ser considerado o mínimo para esse tipo de trabalho. Abaixo disso, um chefe comprometeria gravemente a eficácia da equipe. Organização é algo que pode ser aprendido, e existem excelentes cursos disponíveis sobre isso. É possível também se formar sozinho, com o auxílio de bons livros. Não se esqueça de que as ferramentas de organização de sua profissão não se encontram "prontas para uso". Cada um deve adaptar as ferramentas em função de sua profissão.

Resultado inferior a 28

Isso não o impede de fazer carreira nas funções executivas. Aprender abre portas para promoções. Ser organizado permite aproveitar melhor os momentos da vida.

Fique atento!
Todo aprendiz sabe que nunca deve deixar seus materiais desorganizados quando do trabalho estiver terminado. Deve ainda manter limpo o local de trabalho. Isso tudo vem antes da organização.

INDICADOR ✦
Índice de emotividade

Hiperemotividade ou emotividade exacerbada podem ocasionar instabilidade no colaborador e em toda a equipe de trabalho. Ter emoções mais próximas do padrão da população é mais apropriado quando se trabalha em contato com clientes em particular ou com o grande público.

Resultado superior a 25

Você é muito emotivo. Todas as profissões que implicam acolher o público ou se relacionar diretamente com clientes são desaconselháveis. As profissões da área médica devem ser evitadas, assim como as que lidam regularmente com situações de emergência. Funções de chefia só devem ser consideradas com muita prudência. A hiperemotividade é vista como um atrativo em diversas profissões artísticas. Se for um pouco contida, convém a pessoas cuja função essencial é o acompanhamento. Todas as profissões relacionadas a serviços e assistência a pessoas poderiam ser consideradas, e certos psicólogos acreditam no efeito benéfico do contato regular com indivíduos que foram castigados pela vida.

Resultado de 15 a 25

Você está na média em relação à administração de emoções. Com empatia, você pode se sair bem em profissões que exigem contato humano: *hostess*, comissário de bordo, guia, vendedor, demonstrador, conselheiro comercial, responsável pelo departamento de reclamações, cozinheiro-chefe, motorista, agente de viagem, taxista, comerciante.

Resultado inferior a 15

Indica bom domínio das emoções, o que é uma qualidade para profissões ligadas a acidentes. Exemplos: policial, guarda, bombeiro, assistente social, socorrista, psicólogo, psicanalista, médico e enfermeiro do setor de emergência.

Fique atento!

Um indivíduo que controla bem as emoções não é necessariamente rígido e insensível. O controle de si mesmo não impede a compaixão e, muitas vezes, permite que se ajude melhor quem está precisando.

INDICADOR ✪
Índice de perseverança

Alguns atletas se dedicam à corrida de cem metros com barreiras. Outros querem ser maratonistas. Um não é melhor que o outro, mas cada um domina sua especialidade. A empresa necessita tanto de maratonistas quanto de corredores de curta distância. Os dois são indispensáveis. O que importa é que cada um esteja em seu lugar e desempenhe corretamente seu papel. Muitas pessoas seriam incapazes de seguir o ritmo de um representante comercial. Física e psicologicamente, viveriam um martírio. Esse mesmo excelente vendedor não poderia exercer a atividade de que gosta se a nota de compra não fosse transformada em dinheiro, exatamente o que permite o pagamento dos salários!

A perseverança é necessária para que se chegue ao fim de um trabalho longo e cansativo. É indispensável quando o projeto só é gratificante a longo prazo. Apenas alguém perseverante pode receber formação durante meses, ou até mesmo anos, para finalmente exercer suas funções. É importante ainda aliar perseverança e paciência para evoluir em certas estruturas, pois as tomadas de decisões, mesmo mínimas, são particularmente longas, e o resultado é sempre incerto.

Resultado superior a 18

Você não deve ter se surpreendido com este resultado, pois as pessoas que o cercam certamente já tiveram a oportunidade de elogiá-lo em relação a isso. É um trunfo a ser colocado na mesa em qualquer entrevista de emprego. Saber persistir em um objetivo distante, sendo ao mesmo tempo capaz de praticar ações rápidas, é o que muitos dirigentes buscam quando recrutam alguém para um posto de chefia.

Resultado de 15 a 18

Você está numa boa média, e isso, combinado com o potencial de autonomia, vai lhe permitir alcançar funções interessantes e relativamente independentes. O trabalho de pesquisa é um bom exemplo.

Você pode pensar em funções nas quais o controle só surja posteriormente. É o caso de tarefas de longa duração, que são executadas distante da empresa. Trabalhos fora do país poderão ser interessantes para você.

Resultado inferior a 15

Tente se candidatar apenas a funções em que os resultados sejam medidos dia a dia. Estímulo diário e resultados "em tempo real" – é disso que você precisa.

> **Fique atento!**
>
> Ser perseverante não é o mesmo que ser desagradável. Aliás, o primeiro não reclama e retoma sempre seu trabalho de maneiras diferentes, até que o objetivo seja atingido.

INDICADOR ★
Capacidade de adaptação

Trabalhar simultaneamente ou sucessivamente para clientes diferentes exige grande capacidade de adaptação. Em certos ramos de atividade, modos de organização e procedimentos são muitas vezes revistos, corrigidos e modificados, o que não é consequência da versatilidade do dirigente. Trata-se de uma necessidade relacionada ao trabalho, às exigências da clientela ou à rápida evolução de produtos e serviços prestados.

Assim, a capacidade de se adaptar, de mudar de sistema para atingir os objetivos apesar das dificuldades, é uma obrigação para qualquer pessoa responsável por atingir objetivos, quer ela avance sozinha ou com a ajuda de muitos colaboradores.

Resultado superior a 14

Você tem excelente capacidade de adaptação. Isso pode ser resultado de escutar atentamente o outro. Como você descobre rapidamente o que um novo cliente espera de seus serviços, pode ser excelente em profissões relacionadas ao comércio.

Procurar colocação em outros países pode ser tentador para você. Também pode se sentir totalmente à vontade em carreiras artísticas, assim como em atividades que exigem viagens e deslocamentos. Sua curiosidade estaria satisfeita em universos tão diferentes.

Resultado de 11 a 14

Indica flexibilidade no bom sentido e grande aptidão para encontrar o bom tom ou a atitude correta. Talvez você faça parte daqueles que gostam de observar e levam um bom tempo analisando antes de adotar as mudanças propostas. Alguém zeloso por natureza tem bons elementos para atrair o interesse do empregador.

Resultado inferior a 11

Se este resultado atestasse rigidez, você poderia pensar em profissões nas quais a inflexibilidade é uma virtude. Funções em certas instituições rígidas, como o exército, seriam a sua praia. Demos esse exemplo para mostrar claramente que este resultado não significa que você não seja capaz de agir em condições diferentes, em terrenos muitas vezes movediços.

Fique atento!
Não confunda grande capacidade de adaptação com instabilidade ou indecisão. Do mesmo modo, certa rigidez ou resistência a mudanças não devem ser entendidas como incapacidade de adaptação!

INDICADOR ✷
Capacidade de iniciativa

Ser capaz de tomar a decisão necessária em tempo oportuno – essa poderia ser a definição dessa tão desejada habilidade, se acreditarmos no que se lê nos anúncios de emprego. Um bom recrutador poderia nos falar da capacidade de exercer livremente uma função ou de assumir uma responsabilidade tendo por base um objetivo. A empresa só quer encorajar iniciativas favoráveis, ou seja, aquelas que permitem vencer obstáculos e se aproximar do objetivo almejado. A capacidade de iniciativa é fruto do discernimento e não tem ligação alguma com futilidade ou com rejeição a normas.

O interesse da empresa impõe respeito a normas e procedimentos. O funcionário que adapta o procedimento porque está preocupado com a eficácia, permanecendo ao mesmo tempo rigorosamente fiel à política definida, demonstra espírito de iniciativa.

Resultado superior a 16

Sua capacidade de tomar iniciativas é real e deve interessar o empregador. Antes da entrevista, pense em exemplos de iniciativas favoráveis e não se esqueça de mostrar que você agiu no interesse da empresa em que trabalhava. Mostre também que sua decisão, se infringiu os procedimentos habituais, não deixou de estar rigorosamente de acordo com a política definida por seu empregador.

Resultado de 12 a 16

Você é daqueles que são capazes de tomar iniciativas quando necessário. Preste atenção para se situar corretamente na política definida pela direção. Demonstre que suas escolhas não são arriscadas, mas eficazes. Acentue os benefícios que a empresa pode obter. Seria difícil fazer uma lista das funções nas quais você se daria bem. Da mesma forma, seria um desafio tentar estabelecer uma lista de profissões nas quais a capacidade de iniciativa pode ser uma desvantagem.

Resultado inferior a 12

Cada um tem seu próprio temperamento, e o seu é diferente. Faça com que o valorizem por seu rigor, pontualidade e pela confiança que desperta. Procure trabalhar em equipes em que outros ficariam felizes por tomar iniciativas em seu lugar. A empresa também precisa de colaboradores que cumprem suas tarefas sem mudar uma vírgula nas instruções recebidas.

> **Fique atento!**
> Apenas pessoas sérias são capazes de não se levar a sério. Tomar a iniciativa sobre a palavra certa que descontrai ou praticar consigo mesmo a descontração como estilo de vida – é dessa forma que a inteligência e a serenidade se revelam.

INDICADOR ✖
Senso ético

Integridade, senso moral, respeito à ética e honestidade não fazem parte apenas do discurso. Aliás, ao contrário do que se costuma acreditar, eles não se opõem ao mundo dos negócios. Melhor, contribuem muito eficazmente com ele. Um importante estudo a respeito da história das civilizações demonstrou que, quanto mais elevado é o senso moral dos atores da sociedade, mais a comunidade é bem-sucedida. Quanto mais os homens hesitam em confiar uns nos outros, menos trocam bens e serviços.

As empresas desejam recrutar colaboradores leais, que trabalhem em direção aos objetivos estabelecidos. É particularmente difícil conquistar clientes, e leva tempo. Perdê-los é bem mais fácil e rápido. Um único funcionário desleal basta para afugentar a melhor clientela, qualquer que seja o ramo da empresa.

Resultado superior a 25

Sua fidelidade aos princípios morais é comprovada, se levarmos em conta as declarações que você deu em seu teste. Você pode pensar em funções que demandam grande autonomia e importantes responsabilidades. Ou então qualquer outra profissão em que o rigor é primordial: contador, policial, inspetor de polícia, fiscal, procurador, magistrado, escrivão, bancário, oficial de justiça, tabelião, tesoureiro, gestor de fundos de investimento, corretor de valores, banqueiro, auditor etc.

Resultado de 18 a 25

Este é o mínimo necessário para ser contratado por uma empresa. Muitas companhias buscam se assegurar da lealdade e integridade dos candidatos. Sabem que nem todos os funcionários mexem diretamente com dinheiro, mas que a maioria tem acesso a processos de fabricação, estudos prospectivos, procedimentos comerciais, resultados de pesquisas ou métodos de maneira geral, ou seja, a tudo que constitui o patrimônio e o valor da empresa.

Resultado inferior a 18

Talvez você tenha se distraído ou se deixado levar por alguma falsa ideia. Ou sofre os efeitos de um problema pelo qual está passando e está transtornado. Cabe a você descobrir do que se trata e agir para mudar essa situação.

Fique atento!

Os especialistas podem dizer: um cliente insatisfeito porque se sentiu enganado vai fazer você perder nove outros clientes nos próximos doze meses.

INDICADOR ■
Espírito de equipe

Para os que se interessam pelos anúncios de emprego nos jornais, poderíamos fazer um joguinho – entre capacidade de iniciativa e espírito de equipe, qual é o mais citado ao longo da página?

O motivo é que a empresa é necessariamente uma equipe. Ainda que o trabalho confiado ao sr. Silva seja uma missão que ele pode realizar de maneira autônoma, chegará o dia em que outro funcionário deverá substituí-lo, mesmo que seja apenas para entregar um produto a um cliente, ou para executar sua função de controle de qualidade. Para que o salário do sr. Silva seja garantido, é preciso que o produto tenha sido instalado e colocado em funcionamento na casa do cliente. É preciso ainda que o financeiro tenha emitido a fatura e recebido o pagamento.

Ter espírito de equipe significa ter sempre em vista primeiramente o interesse de toda a equipe, o que significa executar inteira e pontualmente todas as suas tarefas. O que você diria de um jogador de futebol que chegasse sempre quinze segundos depois da bola? Para isso é fundamental que você desempenhe inteiramente seu papel, e não o do vizinho. O que você diria de um goleiro que se distanciasse do gol para ir mais à frente no campo? Conseguir essa coesão nem sempre é fácil, e uma boa prática corporativa é condição de sucesso.

Resultado superior a 23

Você tem espírito de equipe bem assimilado e perfeitamente integrado. Deve ser um excelente membro e talvez também um chefe de equipe talentoso, porque sabe respeitar cada um. Todas as profissões em que as tarefas devem ser cumpridas em equipe podem ser consideradas, desde que você domine a técnica da empresa.

Resultado de 16 a 23

Talvez algumas regras do trabalho em equipe ainda lhe sejam estranhas. Você poderá descobrir relendo certas questões ou refletindo sobre o parágrafo anterior. Uma excelente forma de progredir nesse campo é consultar outros membros da equipe. Aproveite uma conversa a dois para questionar e proponha que a outra pessoa explique em que você poderia melhorar para que a equipe funcione melhor. Sua atitude será apreciada. Você vai aprender muito e ainda receberá a estima do funcionário como gratificação.

Resultado inferior a 16

Preste atenção na qualidade de seu trabalho, na regularidade e no respeito ao cumprimento de prazos. Seu respeito pelo trabalho vai advogar por você e por sua integração na equipe.

Fique atento!

Partilhar bons momentos não substitui o respeito aos compromissos individuais e não poderia compensar as lacunas de uma organização inexistente ou enfraquecida.

INDICADOR ●
Força de ambição

Muitas missões profissionais são difíceis, duras, arriscadas e, por vezes, até mesmo cansativas. Em relação a isso, é importante lembrar que a repetição faz parte de qualquer função. Sob aparência muitas vezes atraente, certos trabalhos exigem mais de 80% de tarefas repetitivas. Ter a paciência de se levantar e partir para o trabalho, como dizem alguns, exige vontade e ambição. Pode parecer impossível levar em frente sozinho uma missão que exige fôlego, se não estivermos apoiados na força de uma legítima ambição. Esta, em alguns casos, pode estar associada ao amor-próprio. Ela é a força motriz do bom profissional, preocupado em ser apreciado pela qualidade de seu trabalho.

Resultado superior a 22

É preciso estar atento para distinguir a ambição, tal como foi definida anteriormente, do carreirismo, que é um desvio de comportamento. O carreirista não se preocupa com qualidade, mas com bajulação, dissimulação, cálculo, ausência de senso moral e hipocrisia em todas as circunstâncias. Ele se expõe a muitas dificuldades, originadas dos riscos que subestima, além de todas as doenças geradas por estresse e ansiedade.

Resultado de 16 a 22

Você precisa ter força para levar adiante a carreira que deseja. Pense em cuidar do físico, mantendo a qualidade de vida, e você provavelmente irá mais longe do que esperava.

Resultado inferior a 16

"Não se dá de beber a quem não tem sede." Seria complicado se esse pensamento um dia chegasse a seu superior hierárquico, pois, cansado de ver sua falta de interesse, ele poderia duvidar de sua vontade.

Fique atento!

É impossível ter a ambição de atingir um objetivo que, por não ter sido cuidadosamente definido, se mostra pálido e desprovido de atrativo real.

INDICADOR ❿
Capacidade de concentração
(miniteste I)

O miniteste I tem por objetivo chamar sua atenção para o grau de concentração que sua disciplina pessoal lhe permite atingir.

Algumas pessoas têm bastante dificuldade para se concentrar em seu trabalho, enquanto outras ficam tão concentradas que os acontecimentos exteriores passam totalmente despercebidos.

Algumas profissões são mais exigentes nesse ponto que outras. É o caso das funções de contabilidade e, de forma mais geral, de todas as tarefas que exigem a manipulação de grande quantidade de números. Os cargos relacionados a inspeção visual também exigem concentração o tempo todo. É preciso citar ainda as profissões perigosas, e nossa lista estaria longe de estar completa.

Se você busca um trabalho que exige total concentração, faça-o com conhecimento de causa. Não se contente com nosso miniteste. Pergunte ao recrutador se há a possibilidade de fazer um teste para ver a realidade do trabalho.

Enfim, a capacidade de concentração está estreitamente relacionada à forma física. Não se esqueça de adotar bons hábitos de vida.

INDICADOR ✿
Capacidade de decisão
(miniteste II)

Saber decidir depende também do temperamento. Um indeciso continuará sempre hesitante, mesmo que a empresa coloque à sua disposição magníficas ferramentas que o ajudem na tomada de decisão.

Saber diferenciar claramente o essencial do suplementar é a chave para a tomada de decisão. Aquele que conhece bem seu objetivo é capaz de distinguir o que é importante, ou seja, aquilo que o conduz à realização do objetivo. Todo o resto é acessório e deve vir em segundo plano, no que se refere tanto à distribuição do tempo quanto à hierarquia de critérios que devem ser levados em conta para tomar qualquer decisão.

Não complicar as coisas simples é um princípio que nunca deve ser esquecido.

Em nosso miniteste, as decisões não têm importância. Os enunciados não contêm nenhum critério de escolha. Todas as respostas são igualmente "corretas". Quando você compreende isso, sabe que o tempo utilizado para o teste é o da leitura, somado ao tempo perdido em hesitações inúteis. Sua indecisão é proporcional ao tempo gasto!

Para ser ator de sua vida profissional – assim como para ser ator de sua vida em geral –, prepare suas ações e defina sistematicamente seus objetivos. Por fim, não se esqueça de que o prazer e o descanso são objetivos que não devem ser negligenciados durante a vida.

INDICADOR ❖
Cultura geral
(miniteste III)

Cultura geral é um conjunto de conhecimentos difícil de delimitar, por ser constituído de noções básicas oriundas dos mais diversos domínios. Porém, esses interesses variados têm um ponto em comum: sua relação com o homem e o fato de participarem de seu universo. A expressão "humanidades" diz muito bem o que o aluno deve esperar desse ensino – abertura para o mundo por meio da aquisição de conhecimentos que lhe permitam escutar e compreender, apreender as diferenças e delas extrair toda a riqueza. Como se pode participar ativamente da vida de uma comunidade humana se desconhecermos sua natureza, normas, usos e costumes?

Sua própria riqueza cultural lhe permite incitar a curiosidade nos outros, o que é típico de profissões como professor, guia, bibliotecário ou arquivista.

Possuir boa cultura geral possibilita exercer funções nas quais a escuta, a análise e a compreensão são primordiais: clínico geral, consultor de recrutamento, advogado, psicólogo, consultor de gestão, magistrado, educador, negociante, mediador, terapeuta de casais ou diplomata.

Um resultado fraco no teste não o impede de trabalhar nem de progredir na sociedade, entretanto é preciso um grande talento – o de se calar! Permitir que o outro brilhe mais que você é uma técnica de sedução antiga como o mundo e frequentemente muito eficaz, tanto na esfera pessoal como na profissional.

Pequeno índice de profissões

Ao finalizar este livro, quisemos lhe trazer uma ferramenta complementar, cujo objetivo é responder a questões do tipo: "Será que sou feito para o trabalho que quero?", ou "Será que serei contratado para esse cargo?".

O procedimento aqui é simples e consiste em apresentar uma lista de profissões. Para cada trabalho, transcrevemos ao lado os pontos julgados essenciais para a seleção. Utilizamos os símbolos dos diversos indicadores que você já conhece e para os quais há uma medida objetiva: seus resultados nos testes do livro. Limitamos o número de símbolos para fornecer uma visão clara dos critérios de seleção mais importantes, e frequentemente apontamos o mínimo necessário. Quando o símbolo está preenchido, significa que é fundamental ter obtido bom resultado naquele indicador. Quando está vazio, quer dizer que tal qualidade é indispensável e constitui obviamente um critério para a contratação, mas que um resultado médio no teste pode ser suficiente.

As informações aqui apresentadas sinteticamente são gerais. Sendo cada seleção um caso particular, a ponderação pode variar de seleção para seleção. Os responsáveis pelo recrutamento não têm somente seu caso. Eles se preocupam também com as pessoas com as quais você terá que trabalhar. Sua análise sobre o ambiente, os modos de organização e os métodos em uso na empresa leva os recrutadores a modular os critérios. Você pode falar sobre isso na segunda entrevista. Bons profissionais apreciarão sua atitude.

Os indicadores

- ✱ Potencial de aprendizado
- ✛ Espírito prático
- ◆ Facilidade de expressão
- ♣ Aptidão para cálculo
- ▶ Criatividade e capacidade de inovar
- ◀ Habilidade para liderar
- ▲ Capacidade de autonomia
- ▼ Capacidade de organização
- ✢ Índice de emotividade
- ✪ Índice de perseverança
- ★ Capacidade de adaptação
- ✺ Capacidade de iniciativa
- ✘ Senso ético
- ■ Espírito de equipe
- ● Força de ambição
- ❱ Capacidade de concentração
- ✿ Capacidade de decisão
- ❖ Cultura geral

A

Acústica (técnico em): ♣, ⊗, ✤
Administrador de bens: ♣, ▼, ✘, ✤
Administrador de empresa: ✱, ▶, ✘, ❖
Administrador judiciário: ✘, ♣, ✾, ◁
Advogado: ✱, ◆, ✘, ❖, ▲
Agente alfandegário: ♣, ⊗, D, ✾
Agente artístico: ✪, ●, ✿, ⊛, ✤
Agente comercial: ●, ✪, ▲, ◇, ✾
Agente de mercados interbancários: ✱, ♣, ▲, ✪, ❱
Agente de polícia: ✘, ■, ✤, ⊛
Agente de transporte: ▼, ♣, ✤, D
Agente de viagem: ♣, ❖, ✾, ▽
Agente imobiliário: ✪, ●, ▼, ✤, ⊛
Agente literário: ❖, ▶, ✪
Agricultor: ✛, ▲, ✾, ⊛
Alfaiate: ✛, D, ⊗, ☆
Alpinista: ●, ✛, ■, ◇
Animador artístico: ◆, ▶, ◀, ☆
Apicultor: ▲, ✪, ✛, ⊛
Apresentador: ✪, ●, ✾
Aquecimento (técnico em): ✛, ♣, ✾, ☆
Arboricultor: ✛, ▽, ⊛, ✾, ⊛
Armeiro: ✛, ✘, ◇

Arquiteto: ✱, ♣, ▶, ▲, ❖
Arquiteto de interiores: ❖, ▶, ✾, ✤
Arquivista: ✪, ✾, ✵, ◗
Artesão: ✢, ❖, ✾, ▷, ▽
Assessor de imprensa: ▼, ☆, ✵, ◇
Assistente social: ✪, ▽, ☆, ✵
Astrônomo: ✱, ♣, ❖, ◗
Atuário: ✱, ♣, ❖, ▷, ✾
Auditor financeiro: ♣, ✱, ✖, ▽, ✾

B

Bancário: ♣, ✖, ◗, □, ✾
Bancário (gerente de agência): ✱, ◆, ◀, ✖, ✿
Barman: ✱, ▽, ✾, ✾
Bibliotecário: ✱, ❖, ▽, △
Biólogo: ✱, ♣, ◗, □, ✾
Bombeiro: ✢, ✪, ✿, ✵

C

Cabeleireiro: ✢, △, ✾, ✾, ▷
Caminhoneiro: ✪, ✢, △, ◗
Carpinteiro: ✢, ♣, □, ◗, ▷
Cincasta: ❖, ✾, ◁, □
Cinzelador: ✢, ❖, ▶
Cirurgião: ✱, ✢, ◗, ✿, ◇
Comerciante: ✢, ◆, ❖, ✾
Concierge de hotel: ✢, ✾, ✾, ▽
Construtor: ♣, ✾, ☆, ✵, □
Consultor de comércio exterior: ✱, ❖, ◆, ✵, □
Consultor de comunicação: ❖, ◆, ▶, ✵, ○
Consultor de formação: ❖, ✱, ▶, ◀, ◆
Consultor de gestão: ✱, ❖, ✖, ○, ✾
Contador: ✖, ♣, ✾, ✵, ◗
Controlador (ou *controller*): ✖, ▽, ✾, ✵, ✾
Corretor de imóveis: ♣, ○, △, ✾

Corretor de seguros: ✖, ●, ✤, ✦, ◇
Corretor de valores: ✣, ✪, ◇, ✦, ✧
Criador de animais: ✚, ▲, ✪, ✤, ✦

D

Decorador: ✚, ❖, ▶, ◆, ▽
Decorador de vitrines: ✚, ❖, ▶, ✳
Delegado de polícia: ✖, ■, ▼, ❖, ●
Dentista: ✚, ✪, ✿, ✤, ✦
Designer publicitário: ▶, ✚, ❖, △, ◇
Digitador: ◗, ✪, ▽, □, ○

E

Ebanista: ✚, ✤, ✦, ✿, ▷
Economista: ✳, ❖, ✖, ◆, ❖
Educador: ❖, ✳, ❖, ◁, ✿
Eletricista: ✚, ❖, ▽, ⊃, ✿
Eletrônica (técnico em): ✚, ◗, ❖, ✪, ✿
Embaixador: ✳, ◆, ❖, ✪, ✧
Encanador: ✚, ❖, ✳, △
Enfermeiro: ✚, ★, ✳, □, ✧
Engenheiro: ❖, ✳, ◆, ❖, ▷
Entalhador: ✚, ◗, ✿, ▷
Ergonomista: ✳, ❖, ❖, ◆, ✣
Escrivão: ✖, ▼, ◇
Escultor: ✚, ▶, ❖, ▲
Espelheiro: ✚, ▷, ✦, ⊃
Estilista: ▶, ✚, ❖, ◇, △
Estoquista: ✖, ▼, ✤, ✦, ○

F

Farmacêutico: ✳, ◆, ❖, ▲, ✦
Fiscal: ✖, ❖, ✳, ▼, ❖
Florista: ✚, ✦, ▷, ✤
Fonoaudiólogo: ◆, ✦, ○, ✪

Fotocompositor: ◆, ♣, ❖, △
Fotógrafo: ✛, ❀, ▷, △

G

Garagista: ✛, ▼, ♣, ⊗, D
Genealogista: ▲, ❖, ▼, ❀
Geômetra: ♣, ✳, ⊗, D, ⊠
Gestor de investimentos: ♣, ✖, ✿, △, ❀
Grafologista: ❖, ▲, ◆, ✖
Guarda: ✪, ●, ✖, ❀, ◇
Guia turístico: ◀, ✪, ✿, ❖, ◆, ☆

H

Hoteleiro: ✛, ♣, ◀, ▼, ❖

I

Ilustrador: ✛, ▶, ❖, △
Impressor: ✛, ❖, ♣, ▽, ⊠
Informática (técnico em): ✱, ♣, ▼, ✳, ⊠
Inspetor de obras: ♣, ✛, ⊠, ✾
Inspetor do trabalho: ✖, ☆, ❀, ❀, ✳
Intérprete: ✱, ◆, ❖, △, ☆

J

Joalheiro: ✛, ▲, ⊠, ❀
Jornalista: ✖, ❖, ✱, ◆, ▷

L

Laboratorista: ♣, ✖, ✳, △, D
Leiloeiro: ❖, ◆, ✖, ▽, ☆
Livreiro: ❖, ◆, ▼, ❀, ⊗
Lógico: ▼, ♣, ✾, ☆, □

M

Maître: ★, ■, ◁, ✾
Manutenção (técnico em): ♣, ✛, ✱, D

Maquetista: ✛, ❁, ▷, ⚝
Marinheiro: ✤, ✛, ■, ✸, ☆
Marmorista: ✛, ⚝, ◑, ▷
Mecânico: ✛, ❁, ☆, ✸, □
Médico: ✱, ◆, ◗, ▲, ◈
Meteorologista: ✤, ✱, ⚝, ☆
Monitor: ◆, ◀, ◈, ✥
Músico: ✛, ◗, ❖, ❁, □

N

Nutricionista: ✤, ✼, ◈, ❀

O

Oculista: ✤, ✛, △
Oficial de justiça: ✖, ▲, ✪, ◇, ◈
Ortodontista: ✱, ✤, ✛, ◇, ◈

P

Padeiro: ✛, ▲, ✤, ✸, ▷
Paisagista: ✛, ❖, ▶, ▽
Paramédico: ✹, ✿, ✛, ✧, ⚝
Perito: ✖, ✱, ❖, ✤, ✥
Piloto: ✤, ★, ◑, ❀
Pintor: ✛, ☆, ◑, ◈
Piscicultor: ✛, ❁, ✼, △
Podólogo: ✤, ✛, △
Professor: ❖, ✱, ✤, ▷, ✸
Protético: ✛, ✤, ▲
Psicólogo: ❖, ✱, ◆, ✖, ★

Q

Químico: ✛, ✱, ✤, ▷, ◈

R

Refrigeração (técnico em): ✛, ✤, ✹, ❀, ▽

Relojoeiro: ✢, ◗, ⍟, ❀, ◈
Representante comercial: ●, ▲, ✪, ▽, ✧
Representante legal: ✖, ✤, ▽, ❀, ◇
Restaurador: ✢, ★, △, ▽, ✵

S

Sapateiro: ✢, △, ✵, ▷, ○
Secretário: ★, ✷, ◇, ✥, ○

T

Tabelião: ✱, ✖, ◆, ❖, ✧
Televendedor: ✪, ●, ◇, ⍟
Terapeuta de casais: ❖, ▶, ★, ◆
Topógrafo: ✤, ✷, ○, D
Tradutor: ◆, ✷, ❖, ✙

U

Urbanista: ✤, ❖, ❃, ✥, ▷

V

Vendedor: ★, ●, ⍟, ✧